知ってるようで知らなかった漢字の意味

［監修］進藤英幸
［文］高井ジロル

二見書房

はじめに

古代中国の漢民族の間で発生した表意文字、漢字。それぞれの漢字には、生まれたとき本来の字義がありますが、それがいままったく変わらずに使われているケースというのは、実はそれほど多くありません。悠久の時を経て、多かれ少なかれ意味が変遷してきた漢字がほとんどです。

巷に目を向ければ、漢字検定熱がいまだ衰えを知らず、テレビのクイズ番組ではマニアックな漢字の読み方を問うような問題をよく見かけます。現代人の漢字への興味は高いといえます。

しかし、字源についての理解はどうでしょうか。小学校の頃にうっすら習った程度という人が多いのではないでしょうか。だとしたら、漢字のルーツを知らずに現在の読み方や使い方にだけ目を向けるのは、本末転倒とまでは言わないまでも、漢字を楽しむにはあまり賢明とはいえないのでは？

そんな思いを胸に、教育漢字や常用漢字など、日頃よく使われている漢字のなかから、現代人には意外に感じられる字義を持つ字を四五四個選び出し、なりたちとその元来の意味を簡潔に解説したのが、本書です。

指南役は、「漢字は字形と字音と字義の三方から解釈すべきである」という方針を長年にわたって貫いてきた、進藤英幸先生。漢字学の王道をゆくそのアプローチは、目が開かれること請け合いで、よく知っているはずの漢字の奥深い妙味を如実に味わうことになるはずです。

このところ、漢字を宗教的・呪術的な理解で解釈する説が人気だそうです。もちろんそうした説も興味深いものではありますが、他の文字体系を圧倒する文字数を誇る漢字の世界をひとたび覗《のぞ》けば、すべてにその手法をあてはめるのが無謀であることはすぐにわかります。

宗教的・呪術的な背景から生まれた漢字も当然ありますが、それは五万字とも十万字ともいわれる漢字の大宇宙からすれば、ほんの一部。先入観を排して字形と字音と字義を虚心坦懐に見つめなければ、漢字本来の全体像は見えてこないでしょう。

漢検や入試には今後も出ない、でも歴史が確かに物語ってきた深淵なる字源の世界。ぜひ覗き込んでみてください。

二〇一三年四月　高井ジロル

本書の見方

本編は表ページと裏ページのセットで構成されています。表ページにはそれぞれの漢字の通常の意味合いや使用例が、裏ページにはその漢字の本来の意味合いとなりたちが載っています。「よく見るこの漢字、もともとはどんな意味だったのかな?」などと想像してからページをめくり、現在使われている意味合いとの意外なギャップをお楽しみください。

[表ページ]

❶ 題材とする漢字を楷書体で示しています。本書では、現代人から見て意外な意味を持っていた合計四五四文字の漢字を取り上げています。

❷ この漢字の現在の意味合いです。

❸ この漢字を使った代表的な熟語の例です。原則として三つ挙げています(三つない場合もあります)。

❹ 「常用漢字」「教育漢字」「人名用漢字」の区別を記してあります(それぞれの違いについてはp10を参照ください)。

❺ 音は音読み(カタカナ)、訓は訓読み(ひらがな)です。代表的なものを記してあります(すべてを網羅しているわけではありません)。( )内は常用漢字表に載っていない読み方です。

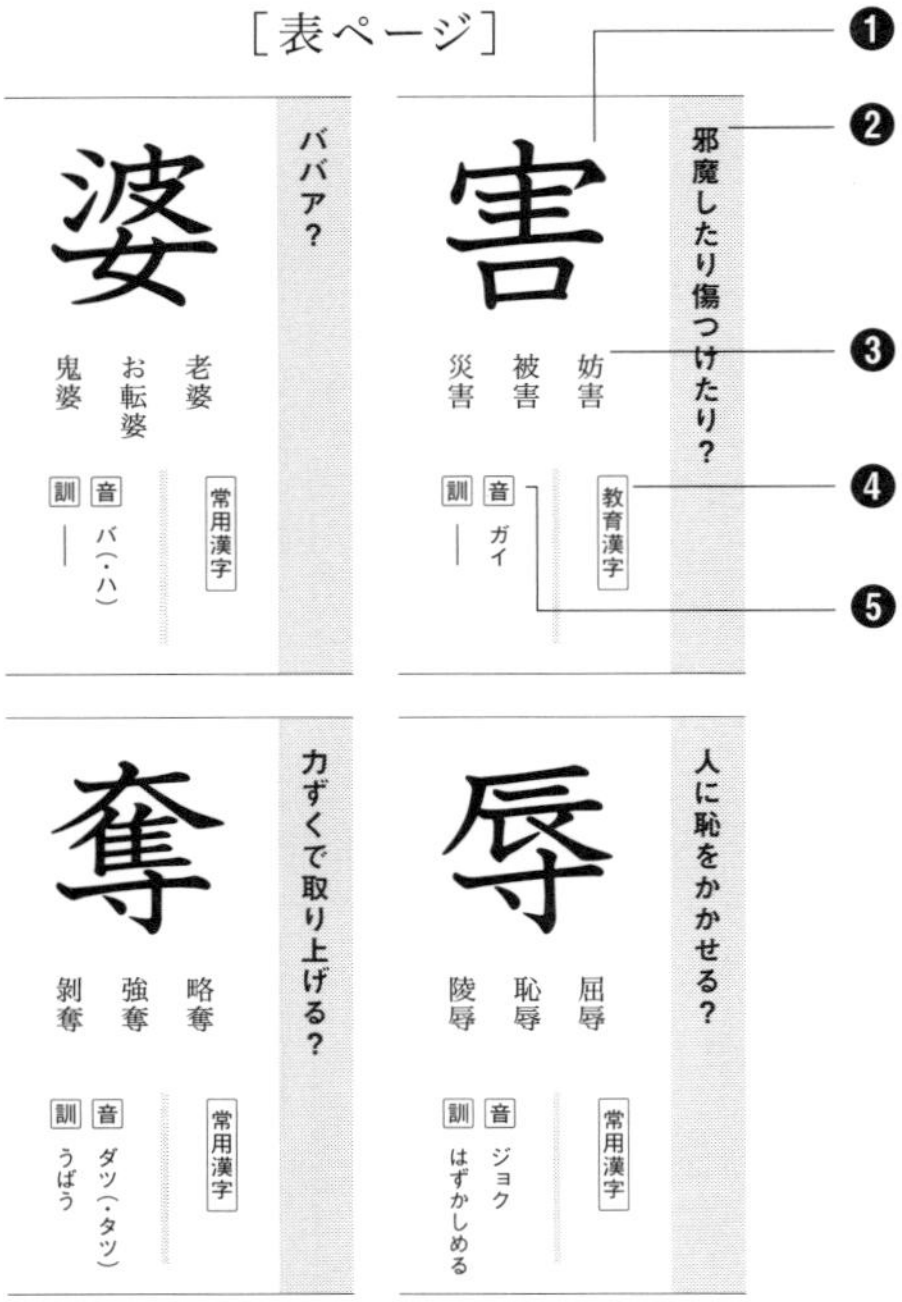

［裏ページ］

❻ この漢字が生まれた当時の本来の意味合いを短くまとめたものです。

❼ この漢字の旧字体を示している場合があります。字のなりたちを理解するヒントになります（旧字体の説明はp10に記載しています）。

❽ この漢字の古代の字形のうち代表的なもの（甲骨文、金文、籀文、古文、篆文など）を載せてあります。字のなりたちを理解するヒントになります（古代の字形についてはp6を参照ください）。

❾ この漢字の本来の意味合いとなりたちについて簡潔に解説しています。カタカナで振ってあるルビは字《じ》音《おん》に関するものです。「タイ→タツ」のように矢印がついているものは、字音が変遷したことを表します。「（↑脱《ダツ》）」などの表示は、その音《おん》の持つ意味をイメージしやすくするための参考情報です。「シュウ」や「ギャク」など、ルビの拗音・促音は音をわかりやすくするために小さく記載しています。字形の説明は同じ形でも漢字によって表現が異なる場合があります。

❿ 関連する漢字の参照ページを示している場合があります。

［裏ページ］

竹かごを頭にかぶせること

害

金文　篆文

竹で編んだかごを表す「丯」と、頭を表す「口」を合わせた字。竹かごを頭にかぶせる意。頭にかごをかぶせて押さえつけることから延長されて「邪魔をする」意になった。

❻ **女がぐるぐると舞う**

❼ 婆（槃女）

❽ 篆文

もとの字は槃《ハン→ハ》。「女」と、ぐるぐる回る意の音を示す「般《ハン→ハ》」を合わせた字。女がぐるぐる回って舞う意。老人の白髪を表す皤《ハ》と同音であることから借用されて老女の意となった。

貝殻製の草刈り道具だった

辱

篆文

手に辰（貝殻製の草刈り道具）を持った形の象形字。心に恥じる意の忸《ジク》（用法として「忸怩《ジ》たる思い」）と音が近かったため、借用されて「はずかしめる」意になった。

❿ 辰 p.170 ◀

鳥が手から飛んで抜け出る

奪

篆文

❾ 鳥を表す「隹」に、手を表す「寸」と、抜け出る意の音を示す「大《タイ→タツ》」（↑脱《ダツ》）を合わせた字。鳥が手から抜け出る意。延長されて「取り上げる」「うばう」（奪取）意になった。

鳥を表す「隹」に、手を表す「寸」と、抜け出る意の音を示す「大《タイ→タツ》」（↑脱《ダツ》）を合わせた字。鳥が手から抜け出る意。延長されて「取り上げる」「うばう」（奪取）意になった。

漢字のうつりかわり

一番最初の漢字は、中国の神話時代、黄帝に仕えた史官の蒼頡《そうけつ》という人が、鳥や獣の足跡をヒントに発明したものだといわれています。ただし、これはいわば伝説上のできごと。なにせこの人、目が四つもある肖像が残っているくらいですから……。

考古学の視点から見て一番古い漢字は、紀元前一三〇〇年頃のもの。殷の時代、吉凶を占うために使った甲骨に、その占いの内容や結果を彫りつけたものだったとされています。そこから約三三〇〇年間をかけて、様々な変遷を見せてきたのが漢字というもの。ざっと振り返っておきましょう。

およそ三三〇〇年前

甲骨文《こうこつぶん》（契文《けいぶん》）

亀の甲羅や牛や馬などの獣骨に刻まれた、知られる限りでは最古の漢字です。主に卜占《ぼくせん》に用いられていたもので、堅い甲骨にナイフで刻すため、文字が角張り、先端が鋭く尖る傾向があります。契文《けいぶん》ともいいます。

およそ三二〇〇年前

金文《きんぶん》（鐘鼎文《しょうていぶん》）

祭祀に用いる青銅器に鋳込まれた漢字です（「金」は青銅の意）。堅くない粘土に文字を彫りつけるため、甲骨文に比べると概して丸みがあります。青銅器がつりがねやかなえ（三本脚の器）だったので、鐘鼎文《しょうていぶん》ともいいます。

およそ二六〇〇年前

籀文《ちゅうぶん》（大篆《だいてん》）

周王朝の太史(公式文書を掌る役職)だった籀《ちゅう》という役人が定めたとされる字体です。金文から派生したものですが、金文に比べると字画が複雑。広い意味では篆字《てんじ》に含まれるため、大篆《だいてん》ともいいます。

およそ二四〇〇年前

古文

広い意味では籀文や篆文以前に使われていた文字。狭義では、〔説文解字〕という字典や、〔三体石経〕という石碑が、「古文」として収録した字のこと。戦国時代に中国の山東省地方で使われていました。

およそ二二二〇年前

篆文《てんぶん》（小篆《しょうてん》）

籀文を簡略化したもの。秦の始皇帝が丞相(大臣)李斯《のりし》に命じて作らせたものとされています。公式文字として印章などにも使われました。大篆に対して小篆とも。パスポートの表紙にある「日本国旅券」の部分や紙幣の「総裁之印」という丸印は篆文です。

およそ二二〇〇年前

隷書

篆文(小篆)をさらに簡略化して作った字体。木簡や竹簡に使われ、漢の時代に普及しました。「隷」は下級役人の意味。横長で、横画の終筆を誇張するのが特徴。紙幣の「日本銀行券」や金額が表記されている部分に使用されています。

およそ一六〇〇年前

楷書

隷書から転じ、南北朝から唐代にかけて標準となった字体。一画一画を続けずに崩さず書くのが特徴で、行書や草書に対して正書とか真書ともいいます。印刷書体としては国語教科書で見かける教科書体が有名。

＊本書には他に「古璽」や「漢印」といった古代文字も出てきます

漢字の作られ方

漢字の作られ方には「象形《しょうけい》」「指事《しじ》」「会意《かいい》」「形声《けいせい》」の四つがあります。このうち、最も原始的なのは象形。甲骨文（契文）のほとんどは象形で作られています。一番数が多いのは形声。漢字の八〇％以上は形声字がしめています。中には、会意と形声の両方の側面を持つ字もあります。また、同じ字でも、それがどの方法で作られたものかについては、説が分かれる場合もあります。

象形字

象形とは「形を象《かたど》る」こと。物の形を象った絵文字をもとに、さらにその線を簡単にしてできたのが象形字です。

木　山　川　刀

木：幹と枝と根の形から立ち木を表した象形字

山：山の形を表した象形字

川：両岸の間を水が流れている形の象形字

刀：刀の形を表す象形字

指事字

指事とは「事柄を指し示す」こと。点や線を使って事柄を表したり、象形文字にしるしをつけたりして作った字です。

上　下　刃　七

上：基本線のうえに点を打ってできた字

下：基本線のしたに点を打ってできた字

刃：刀のよく切れる部分に点を加えてできた字

七：「一」を真ん中から断ち切る意を表した字

門
両扉が閉まっている形を表す象形字

羽
鳥が飛び立つときの両翼を表す象形字

会意字

会意とは「意味をあわせる」こと。形にしにくい事柄を、象形や指事を組み合わせて表した字です。

鳴
「鳥」が「口」で「なく」

林
「木」が二つ集まって「はやし」

森
「木」が三つ集まって「もり」

位
「亻(人)」が「立」つ場所

休
「亻(人)」が「木」に寄りかかって「やすむ」

岩
「山」にある大きな「石」が「いわ」

本
木の根元を示した字

末
木の枝先を示した字

形声字

「形」は意味を、「声」は音《おん》を表します。意味を表す部分(意符)と、音を示す部分(音符)を組み合わせて作った字です。

材
「木」が木の意味を表し、「才」がザイの音を示す

悲
「心」が心の意味を表し、「非」がヒの音を示す

湖
「氵」が水の意味を表し、「胡」がコの音を示す

芽
「艹」が草木の意味を表し、「牙」がガの音を示す

銅
「金」が金属の意味を表し、「同」がドウの音を示す

鳩
「鳥」が鳥の意味を表し、「九」がキュウの音を示す

漢字関連用語の基礎知識

知っておくと本書を読み進める上で役に立つ、漢字関連用語のいろいろについてまとめました。

【常用漢字】

一般生活で使用する際の目安として内閣が告示する「常用漢字表」に掲載された漢字です。一九四六年制定の「当用漢字」の後継として一九八一年にデビュー。二〇一〇年に一九六字が追加され、合計二一三六字あります(読みは二三五二の音と二〇三六の訓が定められている)。

【教育漢字】

常用漢字のうち、小学校六年間で学習するよう文科省が定めた漢字です。小学校学習指導要領の付録である「学年別漢字配当表」に掲載された一〇〇六字を指します。「学習漢字」と呼ぶ場合もあります。

【人名用漢字】

戸籍の人名に使える漢字のうち常用漢字に含まれない漢字のことで、法務省が戸籍法施行規則別表第二で指定しています。常用漢字表の改訂に伴い、二〇一〇年に八六一字になりました。読みの規定には制限がありません。

【新字体】

一九四九年に内閣が告示した「当用漢字字体表」が定めた字体。それまでの旧字体に代わり、多くの略字や俗字が正字として採用されました。その結果、各々の字のなりたちがわかりにくくなってしまったという側面もあります。

【旧字体】

新字体以前に使われていた字体の総称。はっきりこの字体と定められていたわけではありません。たとえば「旧字体」を旧字体で表すと「舊字體」とか「舊字躰」となります。

【延長】

漢字が本来の意味に収まらず別の意味を持つようになること。たとえば、「引伸《いんしん》」と呼ぶこともあります。たとえば、「空」の字は、もともと「古代の穴居住宅の穴」を表しましたが、穴居のドーム状の形が天空に似ていることから、しだいに頭上に広がる「そら」の意味で使われるようになりました。これが延長です。

【借用】

すでにある漢字の音《おん》だけを借りて別の意味に使うこと。「仮借《かしゃ》」と呼ぶこともあります。たとえば、「我《ガ》」の字は、もともと武器の「ほこ」を表しましたが、後に「自分」の意味で使われるようになりました。「ガ」という音で「自分」のことを示していたため、同じ音を持つこの字を借りて「自分」の意で使うようになったのです。これが借用です。

【音読み】

音読みは中国の漢字の読み方を真似たものです。日本は時代によって中国の違う地方の音を導入したため、同じ漢字でも音読みが複数あるものが少なくありません。仏教関連の語に多い「呉音」、一番数が多い「漢音」、限定された語にしか使われていない「唐音」のほか、日本人が習慣として別の読み方をしているうちに定着した「慣用音」という音読みもあります。

【異体字】

標準的な字体とは異なるものの、音と意味が同じものとして通用する字のことをいいます。たとえば、「島」に対する「嶋」、「棲」に対する「栖」、「収」に対する「收」など。

【略字】

字画が複雑な漢字の点画の一部を省いて簡略化したもの。略体。

【原字】

ある漢字のもととなった字のこと。本来の字。本字。

目次

［主要参考文献］
『角川字源辞典』（角川書店）　『漢字字源辞典』（角川書店）　『新版小学漢字辞典』（教育同人社）

［編集］
山崎三郎
［ブックデザイン］
中島雄太（土間デザイン室）

第一章

実は悪いイメージじゃなかった漢字

とにかく否定？

教育漢字

不

音 フ・ブ

訓 ―

不満

不利

不細工

実は悪いイメージじゃなかった漢字

否定、犯罪、暴力、不吉……。

いまではマイナスのイメージで使われることがほとんどだけど、誕生時は別に極悪キャラというわけではなかった三一個の漢字たち。

ちょっと不憫《ふびん》な感じさえ漂うそんな彼らでありますが、いまの意味になるまでに様々な紆余曲折があったのです。

花びらのついた萼《がく》の意味だった！

甲骨

篆文

花の外側にある萼の形を描いた象形字。フの音は花弁が付着する意を示す付から。否《ひ》と音が近いことから、後に借用されて「〜しない」「〜でない」と否定の意で使われるようになった(動作などを打ち消すときに口で「プー」と言ったことから?)。なりたちからすれば、否定オンリーの現在の扱われ方は、不としては不満かも。ちなみにカタカナの「フ」は不の字の一・二画目から取られてできたものだ。

邪魔したり傷つけたり？

害

妨害
被害
災害

教育漢字

音　ガイ

訓　―

ババア？

婆

老婆
お転婆
鬼婆

常用漢字

音　バ（・ハ）

訓　―

人に恥をかかせる？

辱

屈辱
恥辱
陵辱

常用漢字

音　ジョク

訓　はずかしめる

力ずくで取り上げる？

奪

略奪
強奪
剥奪

常用漢字

音　ダツ（・タツ）

訓　うばう

竹かごを頭にかぶせること

害

金文 

篆文 

竹で編んだかごを表す「」と、頭を表す「」を合わせた字。竹かごを頭にかぶせる意。頭にかごをかぶせて押さえつけることから延長されて「邪魔をする」意になった。

女がぐるぐると舞う

婆

（媻）

篆文 

もとの字は媻《ハン・ハ》。「女」と、ぐるぐる回る意の音を示す「般《ハン→ハ》」を合わせた字。女がぐるぐる回って舞う意。老人の白髪を表す皤《ハ》と同音であることから借用されて老女の意となった。

貝殻製の草刈り道具だった

辱

篆文 

手に辰（貝殻製の草刈り道具）を持った形の象形字。心に恥じる意の忸《ジク》（用法として「忸怩《ジ》たる思い」）と音が近かったため、借用されて「はずかしめる」意になった。

鳥が手から飛んで抜け出る

奪

篆文 

鳥を表す「隹」に、手を表す「寸」と、抜け出る意の音を示す「大《タイ→タツ》」（↑脱《ダツ》）を合わせた字。鳥が手から抜け出る意。延長されて「取り上げる」「うばう」（奪取）意になった。

辰 p.170 ◀

人の死を嘆き悼む？

弔

弔辞
弔問
慶弔

常用漢字

音　チョウ

訓　とむらう

気が晴れず心配？

憂

憂鬱
杞《き》憂《ゆう》
憂慮

常用漢字

音　ユウ

訓　うれえる
うれい・うい

法を犯すこと？

罪

罪悪
死罪
罪人

教育漢字

音　ザイ（・サイ）

訓　つみ

不吉な出来事 or 死？

故

故人
事故
故障

教育漢字

音　コ

訓　ゆえ

弔

身体がくねくねした人

金文

篆文

人を表す「人」と、くねくねの蛇を表す「弓」を合わせた字。身体がくねくねした柔弱人の意。人の死をいたむ意の悼《トウ》と音が近いために借用されて「とむらう」の意になった。

憂

ゆっくりと歩くこと

篆文

ゆっくり歩く意を表す「夊」と、うれい悩む意味の音を示す「𢚧」(㥑《ユウ》の変わった形)を合わせた字。心配な仕草を捉えた字形で、ゆっくり歩く意。憂鬱だと歩みも重くなりがちだ。

罪

魚を捕まえる網のこと

篆文

網を表す「网」(罒)と、捕らえる意の音を示す「非《ヒ》」を合わせた字。魚を捕らえる網の意。つみを表す辠《サイ》が皇の字と近いのを嫌った秦の始皇帝が、同音の罪の字に変えたという。

故

物事を変化させるものの意味

金文

篆文

鞭で使役する意の「攵」と、変化する意の音を示す「古《コ》」を合わせた字。物事を変化させるものの意。ふるい頭蓋骨《ずがいこつ》を表す古と同音のために「昔」「ふるい」の意に借用された。

激しいバイオレンス？

暴

暴力
凶暴
乱暴

教育漢字

音　ボウ・バク

訓　あばく
あばれる

とにかくナッシング？

無

無事
無能
虚無

教育漢字

音　ブ・ム

訓　ない

人をだましたり、あざむいたり？

欺

詐欺
欺《ぎ》瞞《まん》
自欺

常用漢字

音　ギ（・キ）

訓　あざむく

本当かどうか怪しむ？

疑

疑問
疑惑
容疑

教育漢字

音　ギ

訓　うたがう

米を日にあてて乾かすことだった

暴

篆文

米を表す「氺」と、日にあてて白くする意の音を示す「㬥《ホウ→ボウ》」を合わせた字。後にただ「さらす」意に。刀を持ってあばれる意の剽《ヒョウ》と近音のため「あばれる」意に借用された。

飾りをつけて踊る人

無

金文

篆文

衣服のたもとに飾りをつけた人が踊る姿の象形字。「ない」の意味で使われていた舞《ム》と音が同じために借用されて後に「ない」意に。一方、舞は「まう」意で使うようになった。

気力を失ってあくびをする

欺

篆文

あくびの形の「欠」と、気力が乏しくなる意の音を示す「其《キ》」を合わせた字。気力を失いあくびする意。口先であざむく意の諆《キ》と同音のために「あざむく」意に借用された。

子どもが立ち止まってきょろきょろする

疑

金文

篆文

子どもと足を表す「疋」と、立ち止まってきょろきょろする意の音を示す「𠤕《ギ》」を合わせた字。あちこち向いてうたがう意の䰯《ギ》と同音のため「うたがう」意に借用された。

むなしかったり、うつろだったり?

常用漢字

虚

音 キョ・コ
訓 むなしい うつろ

空虚　虚偽　虚空

不意に危害を加える?

常用漢字

襲

音 シュウ
訓 おそう

襲撃　奇襲　逆襲

相手に敗れたり、劣ったり?

教育漢字

負

音 フ・ブ
訓 まける おう

勝負　負傷　負債

本来の順序や方向とは反対?

教育漢字

逆

音 ギャク
訓 さからう

逆上　逆境　反逆

きびしくて容赦がない?

常用漢字

酷

音 コク
訓 ひどい むごい

残酷　苛酷　酷暑

むずかしいわ、苦しいわ?

教育漢字

難

音 ナン
訓 むずかしい かたい

難解　災難　困難

周囲が高い大きな丘のこと

虚（虛）

篆文 

大きい意味の音を示す「虍《コ》」と、丘を表す「丠」を合わせた字。大きい丘の意。丘の中央が凹んでいることから延長されて「からっぽ」「むなしい」の意になった。

着物をかさねて着る

襲

金文 

もとの字は龔。着物を表す衣と、重ねる意味と音を示す「龖《トウ↓シュウ》」を合わせた字。着物を重ねて着る意。後にただ「かさねる」、さらに「おそう」意になった。

背中の上に人をのせる

負

篆文 

人を表す「⺈」（𠂊）と、背中の意味の音を示す「貝《ハイ↓フ》」を合わせた字。人を背におう意。敵に敗れて背を向けて逃げることから「まける」「そむく」意が生じた。

歩いていって出迎える

逆

篆文 

道を歩く意の「辶」と、迎える意の音を示す「屰《ゲキ↓ギャク》」を合わせた字。道で出迎える人の意。さからう意の「屰」と同音のため「さからう」意に借用された。

酒の味が濃厚ということ

酷

篆文 

酒を表す「酉」と、濃厚の意の音を示す「告《コク》」を合わせた字。酒の味が濃い意。延長されて「はげしい」「むごい」意に。「コクがある酒」のコクとはこれだ。

金色の羽の鳥だった

難

篆文 

鳥を表す「隹」と、金色の意の音を示す「堇《キン↓ナン》」を合わせた字。羽が金色の鳥の意。悪い粘土の意の艱《カン》と近音のため「むずかしい」「かたい」意に借用された。

悪いこと？否定すること？

教育漢字

非

音　ヒ

訓　あらず

非行　非道　非力

顔や姿が不快？

常用漢字

醜

音　シュウ

訓　みにくい

醜悪　醜態　醜聞

罪人を閉じ込める所？

常用漢字

獄

音　ゴク

訓　—

監獄　地獄　疑獄

所属先がない感じ？

常用漢字

浪

音　ロウ

訓　—

浪人　放浪　浪費

何かが別々になる？

常用漢字

離

音　リ

訓　はなす　はなれる

離婚　離陸　隔離

道に外れていること？

常用漢字

邪

音　ジャ（・ヤ）

訓　よこしま

邪悪　邪魔　邪道

翼を広げて飛ぶ鳥のこと

非

金文

鳥が左右の翼を広げて飛ぶ姿の象形字。翼が左右にそむき開くことから、後に「〜でない」「〜とちがう」という打ち消しの意で使われるようになった。

死者の霊が体を曲げて座る

醜

篆文

死者の霊を表す「鬼」と、体を曲げる意の音を示す「酉《ユウ→シュウ》」を合わせせた字。鬼(亡霊)が体を曲げて座る意。鬼が見苦しいことから「みにくい」意になった。

二匹の犬が吠え合っている様

獄

金文

犬が向かい合う形の「犾」と、ことばを表す「言」を合わせた字。犬が吠え合う様から「裁判で言い合う」意に。さらに「罪人を留める所」の意が生じた。

中国の川の名前だった

浪

篆文

青白く透き通る意の音を示す「良《リョウ→ロウ》」と、川を表す「氵」を合わせた字。もとは中国湖北省の滄浪《そうろう》という川の名(あおあおとした波の意も)。後に大波の意に。

うぐいすの名称の一つ

離

篆文

鳥の形を表す「隹」と、うぐいすの意の音を示す「离《リ》」を合わせた字。コウライウグイスの意。麦の実を分ける意の𠩺《リ》と同音のために「はなす」意に借用された。

中国の古い地名

邪

篆文

村里を表す「阝」と、春秋時代の斉国にあった地名(琅邪《ろうや》)の音を示す牙《ガ→ジャ》を合わせた字。「正しくない」意の衺《ジャ》と同音のために「よこしま」の意に借用された。

水気が多くてやわらかい土？

泥

常用漢字

音 デイ

訓 どろ

泥沼　泥濘《でいねい》　泥酔

いかにも不吉な感じ？

凶

常用漢字

音 キョウ

訓 ―

凶暴　凶器　凶悪

他人の領分をおかす？

侵

常用漢字

音 シン

訓 おかす

侵略　侵犯　侵害

どうしたらいいか悩む？

困

教育漢字

音 コン

訓 こまる

困難　困窮　貧困

よごれていて不潔？

汚

常用漢字

音 オ

訓 きたない　よごす

汚水　汚染　汚点

非常にまずしい状態？

窮

常用漢字

音 キュウ

訓 きわめる

困窮　窮乏　貧窮

甘粛省《かんしゅくしょう》の川の名前だった

泥

篆文 

川を表す「氵」と、中国甘粛省にあった川*の名の音を示す「尼《ジ→デイ》」を合わせた字。濁ったどろ水の意の濘《ネイ》と音が近いことから借用されて「どろ」の意になった。

＊「尼」は川の名の固有名詞のため、音の意味はわからない

食べものの器が空っぽなこと

凶

篆文 

飯の器の形を表す「凵」と、空っぽの意味の音を示す「㐅《ゴ→キョウ》」を合わせた字。器に食物がない意。後に延長されて「わざわい・ききん」や「悪い」などの意になった。

帚《ほうき》で掃いて進む

侵

篆文 

人を表す「亻」と、手に帚を持つ形を合わせた字。帚で掃いて進む意。延長されて「しだいに進む」「おかす」(他人の領域に進み入る)意になった。

門の扉をとめる木

困

篆文 

屋敷を表す「囗」と、「木」を合わせた字。扉を止める木の意。出入りを禁止することから延長されて「こまる」意に。後に門の止め木は梱《コン》・閫《コン》の字で表した。

地面にたまる水のこと

汚

篆文 

水を表す「氵」と、地面の凹みの意の音を示す「亐《ウ→オ》」を合わせた字。地面の凹みにたまる水の意。水たまりの水は清潔でないため「きたない」意になった。

穴室の一番奥の狭い部分

窮

篆文 

きわまる意の音を示す「躬《キュウ》」と、「穴」を合わせた字。穴居住居の一番奥の極度に狭い所の意。延長されて「きわめる」「きわまる」「貧しい」の意になった。

第二章
実はダークな意味だった漢字

何かのグループを作る感じ？

教育漢字

盟

音 メイ
訓 —

同盟
連盟
盟約

実は
ダークな
意味だった漢字

吸血、奴隷、刑具、去勢、斬殺、
死人、梟首《きょうしゅ》、死体腐敗……。
いまはそんな風に見えないけれど、
誕生時にはダークで怖い意味合いを
持っていた四九個の漢字たち。
幾星霜も積み重ねてきたベールを
はぎ取って、彼らの持つブラックな
本性をあぶり出します。

動物の血をすすり飲む！ 吸血鬼に関わる字だった!?

盟

金文

篆文

皿（〓）、または血をもった皿（〓）の形を表す「皿」と、すする意味の音を示す「明《メイ》」（囧《ケイ》・朙《ベイ》→明《メイ》）を合わせた字。血をすすり飲む意を表す。古代の社会では、生贄《いけにえ》にする動物の血を当事者が互いにすすることで約束を定めるならわしがあった。そのため、後に盟が「誓う」の意になり、さらに「誓った仲間」の意になった。「血盟」ということばが、まさしくこの漢字の意味を表している。

自分のこと？

我

自我
我流
我輩

教育漢字

音　ガ

訓　われ・わ

武勇をもって戦う人

侍

侍者
侍所
侍蟻《さむらいあり》

常用漢字

音　ジ（・シ）

訓　さむらい

古いものを新しくする？

改

改革
改造
改善

教育漢字

音　カイ

訓　あらためる

国や人民を治めること？

政

政治
政府
行政

教育漢字

音　セイ・ショウ

訓　まつりごと

戈《ほこ》をもって殺すこと

我

金文

篆文

刃がギザギザに尖ったほこ(戈)に飾りをぶらさげた形を描いた象形字。戈で殺す意。自分の意の吾《ゴ》と音が近いことから借用されて「おのれ」の意で使われるようになった。

使役に従事する奴隷

侍

篆文

人を表す「亻」と、使われる意の音を示す「寺《シ》」を合わせた字。奴隷が使役される意。延長されて「はべる人」の意に。主君の近くで仕えることから「優れた人」の意になった。

士 p.54 ◀

鞭で鬼を追い払うことだった

改

甲骨

篆文

鞭で打つ意の「攵」と、鬼の意の音を示す「巳《シ→カイ》」(己は変わった形)を合わせた字。鞭で鬼払いする意。鬼払いして新年を迎えたことから延長されて「改める」意になった。

武器で討伐する意味

政

金文

篆文

棒を持って打つ意味を表す「攵」と、敵を討つ意味の音を示す「正《セイ》」を合わせた字。武器で討伐する意。そこから延長されて「支配する」意に。さらに「政治」の意になった。

知識や学問を授ける？

教

教育
教師
説教

教育漢字

音 キョウ

訓 おしえる

教育を受けるところ？

校

学校
校長
転校

教育漢字

音 コウ

訓 ―

組み立てられたマシン？

械

機械
器械

教育漢字

音 カイ

訓 ―

他と違ってスペシャルな感じ？

殊

特殊
殊勝
殊勲

常用漢字

音 シュ

訓 ことに

鞭を打って学ばせる

教（敎）

金文

篆文

手に鞭を持って打つ意味を表す「攵」と、子どもが習う意味と同時に音を示す「孝《コウ→キョウ》」（↑效《コウ》）を合わせた字。鞭で打って子に習わせる意。体罰は教育の本質だった？

罪人を拘束する足枷《あしかせ》だった

校

篆文

「木」と、足枷の意の音を示す「交《コウ》」を合わせた字。罪人用の木の足枷の意。子がならう場所の意の学《コウ→ガク》（學）と同音だったために借用されて後に「まなびや」の意になった。

罪人をいましめる木の刑具

械

篆文

「木」と、いましめる意味の音を示す「戒《カイ》」を合わせた字。罪人の手足を締めつけていましめる木、つまり手枷や足枷の意。現在は「道具」の意での使用がもっぱらだ。

体をバラバラにする！

殊

篆文

死を表す「歹」と、断ち切る意の音を示す「朱《シュ》」を合わせた字。体を断って殺し、別々にする意。後に歹の意が消え、「わける」「ことなる」、また「特に優れる」の意になった。

もとのものから次々と増える？

殖

増殖
繁殖
利殖

常用漢字

音　ショク（・ジ）

訓　ふえる

おとうさん？　パパ？

父

父母
祖父
父方

教育漢字

音　フ

訓　ちち

空間的にも時間的にも前？

先

先頭
先行
先月

教育漢字

音　セン

訓　さき

なくならずにある？

残

残業
残飯
残高

教育漢字

音　ザン（・サン）

訓　のこる

死体が腐ってどろどろになる

殖

篆文

死を表す「歹」と、ねばる意味の音を示す「直《チョク→ショク》」を合わせた字。死肉が腐ってどろどろになる意。ふえる意の兹《＊ジ》と音が同じことから借用されて後に「増殖」の意になった。

＊ p.37 音読み参照

石斧《いしおの》で打つこと

父

金文

篆文

右手を表す「」(又)と、石斧の形を表す「《フ》」を合わせた字。手に石の斧を持って打つ意。立派な男の意の甫《フ》と音が同じために借用されて後に男親を表すようになった。

死んだ人のことだった！

先

金文

篆文

人を表す「儿」と、死ぬ意の音を示す「生《シ→セン》」(←止《シ》)を合わせた字。死んだ人の意。死者は今の人よりも前の人であることから「先祖」の意、さらに「むかし」「さき」の意になった。

ズバッと斬り殺す

残(殘)

篆文

元の字は殘。死を表す「歹」と、斬る意味の音を示す「戔《セン→ザン》」を合わせた字。斬り殺す意。食べ残した肉を意味する𣧑《サン》と音が同じために借用されて、後に「のこる」意になった。

何かのしるし？

章

教育漢字

音 ショウ

訓 ―

印章　紋章　腕章

大人になる前の子ども？

童

教育漢字

音 ドウ・トウ

訓 わらべ

童顔　童話　児童

地方の行政単位？

県

教育漢字

音 ケン

訓 ―

県民　県庁　県道

ある特定の事柄？

件

教育漢字

音 ケン

訓 ―

物件　事件　件数

物事に動じない感じ？

毅

人名漢字

音 キ・ギ

名 たけし　つよし

毅然　剛毅　犬養毅

ドライな感じ？

干

教育漢字

音 カン

訓 ほす・ひる

干潮　干拓　干害

入れ墨をするための針

章

金文

奴隷や罪人に入れ墨をする針の形の象形字。入れ墨で印をつけてそれが誰の所有であるかを明らかにしたことから、後に「しるし」「あきらか」の意になった。

辛 p.42 ◀

入れ墨をした奴隷のこと

童

金文

針を表す「辛」(立)と、奴隷の意の音を示す「重《チョウ→トウ》」(里)を合わせた字。入れ墨をした奴隷の意。子どもの意の僮《トウ》と同音のため「わらべ」の意に借用された。

罪人の首を木にかける意味

県(縣)

金文

もとの字は縣。首を木にかける形の「県」と、つなげる意の音を示す「系《ケイ→ケン》」を合わせた字。梟首《きょうしゅ》の意。後にただ「かける」意に。中央につながる自治体が県だ。

つながれた奴隷のこと

件

篆文

「人」と、牛を引く意の音を表す「牽《ケン》」の略体を合わせた字。つながれて自由のきかない奴隷の意。奴隷は物扱いされたことから後に「物件」の意になった。

戈《ほこ》で刈り殺す！

毅

篆文

戈で打ち殺す意味を表す「殳」と、刈る意味の音を示す「豙《ギ》」を合わせた字。戈にひっかけて殺す意。延長されて「つよい」「動じない」の意になった。

突き刺すための武器

干

金文

二股《ふたまた》の枝で作った武器の象形字。相手を突き刺すことから「おかす」意に。延長されて「かかわる」意に。乾《カン》と同音のため後に「かわかす」意に借用された。

じっと我慢する感じ？

耐

常用漢字

音 タイ
訓 たえる

忍耐　耐久　耐熱

筆や刀をとったりする？

執

常用漢字

音 シツ・シュウ
訓 とる

執筆　執刀　執着

シングルな感じ？

単

教育漢字

音 タン
訓 ―

単独　単一　単調

つらいのか、からいのか？

辛

常用漢字

音 シン
訓 つらい　からい

香辛料　辛酸　辛口

ことばのこと？ やめること？

辞

教育漢字

音 ジ
訓 やめる

辞書　辞典　辞退

学校の課程を終えること？

卒

教育漢字

音 ソツ
訓 ―

卒業　新卒　卒倒

ひげを剃り落とす刑罰だった

耐

篆文

頬ひげを表す「而」と、掟や法度を表す「寸」を合わせた字。剃髪より軽い、ひげを剃り落とす刑の意。荷を負う意の任《ジン》と近音のために「たえる」意になった。

罪人をしっかり捕らえる

執

金文

手枷《てかせ》を表す「幸」（）と、しっかり持つ意を表す「丸」（）を合わせた字。罪人を手でとらえる意。後に罪人の意が消え、ただ手に「とる」意になった。

幸 p.208 ◀

先が二股《ふたまた》になった武器

単（單）

金文

もとの字は單。二股の武器の股が裂けないよう縛った形の「」と、尖る意の音を示す「」を合わせた字。二股の武器の意。後に「ひとつ」の意になった。

入れ墨に使う針

辛

金文

罪人の額に入れ墨をする針の象形字（章と同じなりたち）。入れ墨の痛さから「つらい」意になり、舌を刺すようなつらい味の場合は「からい」意になった。

章 p.40 ◀

罪を裁くことだった

辞（辭）

篆文

もとの字は辭。罪を表す「辛」と、おさめる意の音と形を示す「」を合わせた字。罪をおさめて裁く意。詞《シ》と同音のために「ことば」の意に借用された。

奴隷の着る衣服のこと

卒

篆文

衣の「」と、しるしの形の「ノ」を合わせた字。ソツの音は染める意を示す。奴隷が着る染色衣の意。後にこの衣を着た兵の意、「おえる」意にもなった。

ザ・ベスト？

最

教育漢字

音 サイ

訓 もっとも

最後　最近　最高

同じ数量を重ねること？

倍

教育漢字

音 バイ

訓 ―

倍増　倍数　倍率

何かのお返しをする感じ？

報

教育漢字

音 ホウ

訓 むくいる

報復　報酬　報恩

つかさどる感じ？

宰

常用漢字

音 サイ

訓 ―

宰相　主宰　宰領

体を折り曲げる？

屈

常用漢字

音 クツ

訓 ―

屈折　屈伸　屈辱

証明や確認をするはんこ？

印

教育漢字

音 イン

訓 しるし

印鑑　拇《ぼ》印《いん》　印影

最

篆文

無理矢理に犯して取る

おかす意の「冃」と、取り持つ意の音を示す「取《シュ→サイ》」を合わせた字。他人のものを無理に犯して取る意。「もっとも」の意の冣《シュ》と音が近いために借用された。

撮 p.46 ◀

倍

篆文

人にそむくこと

人を表す「亻」と、そむく意の音を示す「咅《ホウ→バイ》」を合わせた字。人にそむき逆らう意。加える意の配《ハイ》と音が近いことから借用されて後に「ふやす」意になった。

報

篆文

罪人を裁く意味だった

手枷《てかせ》の形で罪人を表す「幸」と、裁く意の音を示す「𠬝《フク→ホウ》」を合わせた字。罪人を裁く意。受けたものを返す意の復《フク》と音が近いため「むくいる」意になった。

宰

金文

罪人に事務をやらせること

家を表す「宀」と、罪人を表す䇂《サイ》(辛)を合わせた字。罪人に事務をやらせる意。役所で罪人を使って働かせたために「つかさどる」意になった。

屈

篆文

男性性器を切り取る!!

陰部を表す「尸」と、切り去る意の音を示す「出《シュツ→クツ》」を合わせた字。宮刑*で男性性器を切り取る意(死刑に次ぐ重刑)。痛くて体を曲げてしまうのも当然だ。

＊古代中国で行われた刑罪

印

甲骨

人を押さえて屈服させる

手を表す「爫」と、人がひざまずく形の「卩」()を合わせた字。人を押さえつけて屈服させる意。後に手で押さえてつける「しるし」の意に延長された。

問題点を探り調べる？

教育漢字

討

音 トウ
訓 うつ

討論　討議　討伐

他人に与える？

常用漢字

譲

音 ジョウ
訓 ゆずる

譲渡　譲歩　謙譲

自ら実行する感じ？

常用漢字

践

音 セン
訓 ―

実践　履践　践祚《せんそ》

悲しみをまぎらせる？

常用漢字

慰

音 イ
訓 なぐさめる

慰安　慰問　慰霊

誤りや欠点を指摘する？

教育漢字

批

音 ヒ
訓 ―

批評　批判　批難

フォト or ムービー？

常用漢字

撮

音 サツ
訓 とる

撮影　盗撮　撮要

罪人をことばで責めたてる

討

篆文

ことばを表す「言」と、責める意の音を示す「寸《スン→トウ》」を合わせた字。ことばで罪人を責める意。延長されて「敵をたおす」「たずねしらべる」意になった。

両人が互いに責め合う

譲（讓）

篆文

もとの字は讓。ことばを表す「言」と、二人が互いに責め合う意の音を示す「襄《ジョウ》」を合わせた字。へりくだる意の攘《ジョウ》と同音のために「ゆずる」意になった。

足で踏みつける意味だった

践（踐）

篆文

もとの字は踐。足を表す「⻊」と、踏む意の音を示す「戔《セン》」を合わせた字。足で踏みつける意。実践や履行には足で踏む行為こそ必要なのか。ふむふむ。

恨んで怒ること

慰

篆文

「心」と、恨んで怒る意の音を示す「尉《イ》」を合わせた字。恨んで怒る意。火熨斗《ひのし》のように心をのばす意の尉《イ》(尉)と同音のため「なぐさめる」意に借用された。

尉 p.110 ◀

ビンタを食らわすこと

批（⿰扌𣬉）

篆文

もとの字は⿰扌𣬉。手を表す「扌」と、平手打ちをする意の音を示す「𣬉《ヒ》」を合わせた字。ビンタを食らわす意。後に文章などのよしあしをいう意になった。

他人のものを犯してつまみ取る

撮

篆文

手の「扌」と、ものをつまみ取る意の音を示す「最《サイ→サツ》」を合わせた字。人のものをつまみ取る意。後に「つまみ取る」意に。被写体とはつまみ取られる存在か？

最 p.44 ◀

新しい何かを生み出す？

教育漢字

作

音　サク・サ
訓　つくる

作品　製作　作物

目上の人に申し上げる？

常用漢字

啓

音　ケイ
訓　―

拝啓　啓上　啓白

イヤなことから逃れる？

常用漢字

免

音　メン
訓　まぬかれる

免除　免税　免疫

振り返る？　はぶく？

教育漢字

省

音　ショウ・セイ
訓　かえりみる　はぶく

反省　帰省　省略

めちゃめちゃ？

教育漢字

乱

音　ラン
訓　みだれる

乱闘　混乱　乱交

終わりになる？

常用漢字

了

音　リョウ
訓　―

完了　終了　満了

本物に似せた人のこと

作 篆文 

人を表す「亻」と、いつわる意味の音を示す「乍《サ》」（←詐《サ》）を合わせた字。本物に似せてつくった人の意。後に似せる意が消えてただ「つくる」意になった。

造 p.98 ◀

強制的にひらかせる

啓 篆文 

鞭を持って強制させる意を表す「攵」と、ひらく意の音を示す「启《ケイ》」を合わせた字。無理にひらかせる意。後に強制の意が消えてただ「ひらく」意になった。

屈服して伏せること

免 篆文 

人がうつむく意を表す「儿」と、屈服の意味の音を示す「⿱⺈巾《ベン→メン》」を合わせた字。屈服して伏せる意。伏せて許しを乞うことから罪を「まぬかれる」意になった。

目が覆われてよく見えないこと

省 篆文 

「目」と、覆い隠す意の音を示す「少《ショウ》」を合わせた字。目が覆われてよく見えない意。眚《セイ》と同音のために「かえりみる」、少《ショウ》と同音のために「はぶく」意に。

背中が曲がって縮まった人

乱（亂） 金文 

もとの字は亂。背の曲がった人の「乚」と縮まる意の音を示す「𤔔《レン→ラン》」を合わせた字。体が縮んだ人の意。縺《もつ》れる意の䜌《レン》と近音のため「みだれる」意になった。

両手が萎《な》えた子ども

了 篆文 

両手が萎えて胴体にまつわりついた子どもの姿を描いた象形字。両手が胴体にまつわりつく意。もつれて結ばれることから延長されて「終わる」意になった。

他より優れている？

常用漢字

卓

音 タク

訓 ―

卓越　卓見　卓抜

目的地に達する？

教育漢字

届

音 （カイ）

訓 とどける

婚姻届　離婚届　届け出

仏門に入った女性？

常用漢字

尼

音 ニ（・ジ）

訓 あま

尼僧　比丘尼《ビクニ》　尼寺

区切った部屋とか部署？

教育漢字

局

音 キョク

訓 ―

薬局　局部　局地

広げて並べる感じ？

教育漢字

展

音 テン

訓 ―

展示　展開　発展

すなわち女性の名前？

人名漢字

乃

音 ダイ・ナイ

名 おさむ・の

志乃　綾乃　雪乃

片足に障害がある人のこと

卓

篆文

人を表す「匕」と、足萎《な》えの意の音を示す「早《ソウ↓タク》」を合わせた字。片足に障害がある人の意。足の片方が高いことから延長され「他より優れる」意になった。

体が縮んで伸びない人

局

篆文

人を表す「尸」と、曲がる意の音を示す「句《ク↓キョク》」を合わせた字。体が伸びない人の意。区切った部屋の意の寣《キョク》と音が同じために「つぼね」の意に借用された。

体が弱ってふらつくこと

届（屆）

篆文

もとの字は屆。弱った体の「尸」と、後戻りの意の音を示す「凷《カイ》」を合わせた字。弱ってふらつく意。ゆきつく意の界《カイ》と同音のために「とどく」意になった。

背中が曲がった人

展

篆文

横たわった体の「尸」と、曲がる意の音を示す「⿴衣㠭」（⿱艹𧘇）を合わせた字。背が曲がった人の意。煉瓦を並べる意の㠭《テン》と同音のため「展示」の意に借用された。

膝行する人が動かなくなる

尼

篆文

人の体の「尸」と、止まる意の音を示す「匕《シ↓ジ》」を合わせた字。足が不自由で膝で歩く人が止まって動かない意。梵《ぼん》語《ご》を漢訳した比丘尼《ビクニ》の略から尼僧の意に。

体が二つに折れ重なる

乃

金文

背骨が弓なりに曲がった人の象形字。体が柔弱で二つに折れ重なる意。現在では「すなわち」の意や人名に用いる。志乃さんも綾乃さんも実は腰曲がり？

第三章

実は女性の生態や生殖に関係した漢字

役目を受け持って取り仕切る？

教育漢字

司

音 シ

訓 ―

司会

司令

上司

実は女性の生態や生殖に関係した漢字

男根、女陰、性交、生理、妊娠、出産、胎児、体くねくね……。性や生殖や女性の特質に関するルーツを持って生まれてきた二九個の漢字たちを集めました。「女偏の字が女関係の意味なのは意外じゃないだろ」といわれたら、「本当にそう？」と返しましょう。

実は尿道あるいは尻の穴！これでは司令官の威厳も形なし？

司

甲骨

篆文

穴の意の「口」と、みにくい意の音を示す𠃌《シ》（尸）を合わせた字。人のみにくい尻の穴、または尿道を意味する。仕事をする意味の事《シ》（・吏《シ》）と同音のために借用されて後に「つかさどる」の意になった。してみると、上司とは元来尻の穴のようなものなのかも？なお、皇后や皇太后などに用いる后は、司を左右反対にした字で、司と同じ意。后が後の異体字として使われるのも納得だ（肛門は後方の穴）。

后 p.56 ◀

努力してはげむこと？

勉

勉強
勤勉
勉学

教育漢字

音　ベン

訓　—

立派な成人男性？

士

紳士
兵士
陸士

教育漢字

音　シ

訓　—

程度がはなはだしい？

甚

甚大
深甚
幸甚

常用漢字

音　ジン

訓　はなはだ

一つひとつが離れている感じ？

疎

疎遠
疎開
過疎

常用漢字

音　ソ

訓　うとい

出産で力《りき》むことだった

勉

篆文 

「力」と、女性が赤ん坊を生む意の音を示す「免《ベン》」を合わせた字。分娩の際に力む意。後に分娩の意が消えてただ「はげむ」意に。勉学の本義とは分娩を学ぶこと!?

勃起した男根という意味

士

甲骨 

篆文 

男根がまっすぐ突き立った形の象形字(地面に棒を突き立てた形とも)。後に成人した立派な男の意に。使用人を表す仕《シ》と同音だったために借用されて階級名ともなった。

侍 p.34 ◀

男女の仲がいいこと

甚

金文 

篆文 

あまい意の「甘」と、夫婦の意の「匹」を合わせた字。男女の仲がいい意を表す。仲がよすぎることから「はなはだ」の意に。字義に「バカップル」を新たに加えたい。

胎児が生まれ落ちる

疎(疏)

篆文 

もとの字は疏《ソ》。胎児が羊水とともに流れ出る意を表す「㐬」と、通る意の音を示す「疋《ショ→ソ》」を合わせた字。母から生まれ出る意。粗と同音のため「まばら」の意に借用された。

カラー？

色

教育漢字

音 ショク・シキ

訓 いろ

色彩　異色　音色

ボディ？

身

教育漢字

音 シン

訓 み

身体　心身　裸身

ミルク？

乳

教育漢字

音 ニュウ

訓 ちち・ち

牛乳　乳酸　豆乳

紙や布の中に入れてくるむ？

包

教育漢字

音 ホウ

訓 つつむ

包装　梱包　小包

付き従う？ つながる？

属

教育漢字

音 ゾク

訓 ―

尊属　金属　付属

天子のきさき？

后

教育漢字

音 コウ・ゴ

訓 きさき

皇后　后妃　午后

男女の性交の意味だった

色

篆文

人を表す「⺈」と、交合する意の音を示す「巴《ハ→ショク》」を合わせた字。男の人が性交する意。男の性交対象（女）の顔色が美しいことから後に「いろ」の意になった。

腹が大きい妊婦の姿

身

金文

女性の腹に胎児がいる姿を側面から描いた象形字。体の意の「申《シン》」と音が同じことから「からだ」の意に。娠《シン》の本字。裸身とは妊婦ヌードの意味だった!?

手で胎児を受け止める意

乳

篆文

手を表す「爫」と、穴を表す「孔」を合わせた字。子宮から出てくる胎児を手で受け止める意。液体の意の汁《ジュ》と近音のため「ちち」の意に借用された。

孔 p.58 ◀

身体がくねくねした人

包

（包）

篆文

もとの字は包。体を曲げてつつむ形の「勹《ホウ》」と、子がまだ形をなさない意の「巳《シ》」を合わせた字。腹に子を身ごもってつつむ意。後に「つつむ」意になった。

女陰から続けて生まれる

属

（屬）

篆文

毛がはえた女陰を表す「尾」と、続く意の音を示す「蜀《ショク》」を合わせた字。女陰から子が続いて出ることから「血のつながり」、また「つながる」の意になった。

尻の穴の意だった

后

甲骨

曲がった体の「戸」と、尻の穴の意の音を示す「口《コウ》」を合わせた字で、肛門の意。肛門は後方にあるため「後ろ」の意に。後ろの御殿に住む「きさき」の意にも。

司 p.52 ◀

特定しない感じ？

常用漢字

某

音 ボウ
訓 —

某国　某所　何某

反対まで抜けた空間？

常用漢字

孔

音 コウ
訓 あな

瞳孔　鼻孔　排水孔

手間をかけて養う？

教育漢字

育

音 イク
訓 そだつ はぐくむ

育児　教育　体育

他の人にまかせる？

教育漢字

委

音 イ
訓 ゆだねる

委員　委託　委任

無難に事がおさまる感じ？

常用漢字

妥

音 ダ
訓 —

妥協　妥当　妥結

ことばを表す記号？

教育漢字

字

音 ジ
訓 あざ

文字　漢字　字源

梅のことだった

某

篆文

口に含む意の「甘」と、「木」を合わせた字。ボウの音の意は懐妊(←包)。妊婦が好む酸っぱい実、梅の意。後に不定称の指示代名詞に。異体字に楳《ボウ》がある。

子どもを生む穴

孔

篆文

子が母の体内から出てくる様の象形字。子どもを生む穴、女陰の意。後にただ「あな」の意に。孔に「爫」(手)をつけて胎児を受け止める形を表したのが乳だ。

乳 p.56 ◀

頭を下にして生まれる

育

篆文

逆さの赤子を表す「𠫓」と、生まれ出る意の音を示す「月《ジク→イク》」(肉)を合わせた字。赤子が頭から生まれる意。生後に子が大きくなるので「そだつ」意になった。

女が体をくねくねさせる

委

篆文

「女」と、くねくねする意の音を示す「禾《カ→イ》」を合わせた字。女が体をくねらせてしなをつくる意。体を曲げてよりかかることから「ゆだねる」意に延長された。

女がなよやかで美しいこと

妥

篆文

「女」と、なよなよとして美しい意の音を示す「爫《スイ→ダ》」を合わせた字。委とほぼ同じ字。女性がなよやかで美しいことから、後に「おだやか」の意に延長された。

女性が子を生む家

字

篆文

家を表す「宀」と、生む意の音を示す「子《シ→ジ》」を合わせた字。子を生む家の意。子と同様にどんどん増えるため、ことばを記す符号は、「もじ」の意になった。

おだやかに落ち着く？

教育漢字

安

音　アン
訓　やすい

安心　安静　安易

品物を売買する？

教育漢字

商

音　ショウ
訓　あきなう

商売　商店　商業

仲間入りする？

教育漢字

参

音　サン
訓　まいる

参加　参画　古参

スタート？

教育漢字

始

音　シ
訓　はじめる

開始　始発　年始

力で人を恐れさせる？

常用漢字

威

音　イ
訓　―

威圧　威嚇　猛威

結婚してない若い女性？

常用漢字

嬢

音　ジョウ
訓　―

令嬢　貴嬢　受付嬢

生理の女性が家で座っている様

安

金文

家を表す「宀」と、「女」と、おしめの意の「丿」を合わせた字。生理中の女性がおしめを敷いて家で静かに座っている様子から、後に「やすらか」の意となった。

子どもを生む穴だった

商

篆文

女陰の形の「冏《セツ→ショウ》」と、生まれる意の音を示す「䇂」（立は変化形）を合わせた字。赤子を生む穴の意。行商の意の唱《ショウ》と同音のため「あきなう」意に借用された。

頭に飾りをつけた女性

参（參）

金文

もとの字は參。頭に玉の簪《かんざし》を飾った女を表す「」と、きらめく意の音を示す「彡《サン》」を合わせた字。三個の玉から3の数詞に。後に「加わる」意になった。

長女のことだった

始

篆文

「女」と、最初の意の音を示す「台《イ→シ》」を合わせた字。姉妹のうち最初に生まれた女性、つまり長女の意。後に女の意が消えてただ「はじめ」の意になった。

怖い女＝姑《しゅうとめ》のこと

威

篆文

「女」と、怖い意の音を示す「戌《シュツ→イ》」を合わせた字。嫁から見て怖い女、姑の意。後に女の意が消えてただ「こわい」意に。姑には威圧感があって当然だ。

ミスというよりミセスだった

嬢（孃）

篆文

もとの字は孃。「女」と、つかさどる意の音を示す「襄《ショウ→ジョウ》」（→掌《ショウ》）を合わせた字。一家を掌握する女、母の意。孃は母、娘は少女を指したが、唐代以降混用された。

元の場所に戻る？

教育漢字

帰

音 キ

訓 かえる

帰宅　帰国　復帰

酒を飲んで騒ぐ？

常用漢字

宴

音 エン

訓 うたげ

宴会　宴席　披露宴

花のつぼみが開く？

常用漢字

咲

音 （ショウ）

訓 さく

早咲き　七分咲き　咲き殻

邪魔をする？

常用漢字

妨

音 ボウ

訓 さまたげる

妨害　公妨　押妨

アミューズメント？

常用漢字

娯

音 ゴ

訓 ―

娯楽　歓娯　娯遊

思いわずらうこと？

常用漢字

悩

音 ノウ

訓 なやむ

苦悩　煩悩　懊悩

女が夫の後についていくこと

帰 (歸)

篆文

もとの字は歸。嫁を表す「帚」と、ついていく意の音を示す「𠂤《シ→キ》」を合わせた字。嫁が夫についていく意。男が嫁を家に連れ帰ることから「かえる」意に。

美しい女が住む家のこと

宴

篆文

家を表す「宀」と、美しい女の意の音を示す「妟《エン》」を合わせた字。美しい女が住む家の意。酒盛りを表す醼《エン》と音が同じため後に「うたげ」の意に借用された。

笑うことだった

咲

篆文

もとの字は咲。「口」と、しなを作る意の音を示す「芺《ショウ》」を合わせた字。口でしなを作ってわらう意。花が開くのを「わらう」と見立てて「さく」意に用いた。

女性が人の悪口をいう

妨

篆文

「女」と、悪口をいう意の音を示す「方《ホウ》」(←謗《ボウ》)を合わせた字。女性が人を誹謗する意。延長されて「悪口をいう」「邪魔をする」意に。若干セクハラ臭が漂うか。

女性とおしゃべりすること

娯

篆文

「女」と、語らう意の音を示す呉《ゴ》(←語)を合わせた字。女性としゃべるのが楽しいことから「楽しみ」の意に。古代から娯楽の基本は女性とのトークなのだ。

女性の心の痛み

悩 (㛴)

篆文

もとの字は㛴。「女」と、痛い意の音を示す「𡿺《ドウ→ノウ》」を合わせた字。女の心の痛みの意。後に「女」を「忄」(心)にして悩となり、ただ「なやむ」意となった。

コラム

読めますか? ちょっと気になる部首の名前［その一］

亠 例 亡京享	⺌ 例 恭慕	毋 例 毋毎毒
而 例 耐耎《ゼン》耑《タン》		韋 例 韓韜《トウ》
鬯 例 鬱		釆 例 釈釉《ユウ》
曰 例 甲曲書	舛 例 舞舜	禸 例 禺《グウ》禹《ウ》禽《キン》

けいさんかんむり　亠

計算冠ではなく、卦算冠。卦算とは易で使う算木に似た文鎮のこと。鍋のふたに似ることからなべぶたともいう。英語ではLid。

したごころ　⺗

「心」が脚部に位置したときの形。英語ではHeart。「心」が立って偏になった形だと「忄」（りっしんべん）になるのだ。

なかれ　毋

「毋《ブ・ム》」字には禁止や打ち消しの意味があることから「貫《カン》」の音から取って、ははのかんともいう。英語ではDo Not。

あごひげ　而

長く伸びた毛の形の字。漢文で接続詞として使うときの読み方から、しこうして、しかしてともいう。英語ではAnd。

【部首こぼれ話】英語にもなっている部首

漢字（Chinese character）の研究はもちろん英語圏でも行われており、それぞれの部首には英語名の呼び方もあります。ちなみに「部首」は英語で「Radical」。部首は漢字にとって「根本」的なものなわけですね。

＊本コラムでは参考までに各部首の英語名を記載しています。

なめしがわ　韋

皮を棒に巻いてなめす意（もとは一つの場所をめぐり歩く意）。なめしてできるのが「革」だ。英語ではTanned Leather。

においざけ　鬯

鬯《チョウ》とは香草を用いた祭祀用の酒のこと。香草そのものに着目して、かおりぐさともいう。英語ではSacrificial Wine。

のごめ　釆

カタカナの「ノ」と「米」を組み合わせた形の字。もとは掌の上に麦や米の種を乗せた形を表す字。英語ではDistinguish。

ひらび　曰

口からことばを出す様子を描いた字。「日」よりも「ひら」たいので「ひらび」。訓読から「いわく」とも。英語ではSay。

まいあし　舛

呼び名は「舞」の脚部の意。両足を開いて互いに反対向きにした形で、両足に関係がある字を作る。英語ではOppose。

じゅうのあし　禸

獣《ジュウ》の足跡の意で、獣に関係があることを示す。「禺《グウ》」字の脚部にあるため、ぐうのあしともいう。英語ではTrack。

第四章

実は人の姿形の意味だった漢字

雪のような色？

白

教育漢字

音 ハク・ビャク

訓 しろ

白紙

白黒

純白

実は人の姿形の意味だった漢字

指や頭や腋《わき》といった身体部位から、軟弱な人、腰が曲がった人、傾いた人、ものまねする人、踊る人、身軽な人、太った人まで、ホモ・サピエンスの姿形をもとに生まれた漢字たち四三個が集合。漢字というのは、人体を標本としてできたものだったのです。

白色には見えないが親指が「白」だった!?

白

甲骨

篆文

親指の象形字で、親指を意味する。「しろい」意を表す字が元来なかったため、親指を意味する音・ハクと音が同じ白が借用された。しだいに親指の意は忘れられ、白の字がもっぱら白色の意で使われたため、後に擘《ハク》の字を作って親指の意とした。親指は親方や主人の意で用いられたため、「白」に「イ」をつけて伯（頭になる人）ができた。なお、どんぐり状の木の実説や白骨化した頭蓋骨《ずがいこつ》説もある。

上方に広がる大空？

天

天地
天下
天気

教育漢字

音 テン

訓 あめ・あま

セントラル？

央

中央

教育漢字

音 オウ

訓 ――

ものごとの根本？

元

元素
根元
元祖

教育漢字

音 ゲン・ガン

訓 もと

もう一度再び？

又

又貸し
又聞き
猫又

常用漢字

音 （ユウ）

訓 また

人の頭のこと

天

金文

篆文

人の全身を前から見て特に頭部をはっきり描いた象形字。人の頭の意。後に頭の上にある「そら」の意で使われるようになったため、人の頭を表す字として頂や顚ができた。

人のくびすじのこと

央

金文

篆文

立っている人の形の「大」と、まっすぐの意の音を示す「冂《ケイ→オウ》」を合わせた字。人のくびすじ（頸）を意味する。頸は体の真ん中にあることから後に「中心」の意となった。

ま〜〜るい頭

元

甲骨

篆文

頭を表す「一」と、まるい意の音を示す「兀《ゴツ→ゲン》」を合わせた字。まるい頭の意。頭が体の最上部にあることから「はじめ」「もと」の意に。角刈り頭は元ではなかった!?

右手のことだった

又

金文

篆文

右手の形の象形字。ユウの音が示す意は「すぐれる」（↑優）。左右では右を重んじたことによる。後に「また」の意になった。なお、左手は又を左右反転させた𠂇の形だ。

仕切られた地域？

区

区画
区分
区域

教育漢字

音　ク
訓　―

ナイン？

九

九月
九九
九重

教育漢字

音　キュウ・ク
訓　ここのつ

希望が実現するよう祈る？

願

念願
大願
願望

教育漢字

音　ガン（・ゲン）
訓　ねがう

広く分け与える？

頒

頒布
頒価
頒行《はんこう》

常用漢字

音　ハン（・フン）
訓　―

わきの下の狭い隅のこと

区（區）

金文

篆文

もとの字は區。わきの下を表す「匸」と、いろいろな物の意の「品」を合わせた字。わきの下の狭い隅に物を隠す意。後にわきの下の意が消え「狭く仕切った所」の意になった。

ひじを曲げた様子

九

甲骨

篆文

腕のひじを曲げた形の象形字。キュウの音の示す意は「まがる」。ひじの意の肘《チュウ→キュウ》と音が同じため、九が数詞として借用された（昔、九の数は人指し指を曲げて表した）。

大きな頭の意味

願

篆文

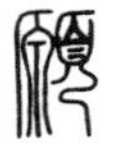

頭を表す「頁」と、大きい意の音を示す「原《ゲン→ガン》」を合わせた字。大きな頭の意。音が近い憖《ギン》の字に借用されて「ねがう」の意に。大願とは大きな大きな頭のことだった？

もはや福助頭！

頒

篆文

頭を表す「頁」と、膨れて大きい意の音を示す「分《フン→ハン》」を合わせた字。頭が非常に大きい意。後に借用されて「広く分け与える」意に。福助頭を一字で表せば頒というわけだ。

自分のものとして支配する？

領

領土
領有
領地

教育漢字

音 リョウ（・レイ）
訓 —

内容を表すタイトル？

題

題名
題材
課題

教育漢字

音 ダイ（・テイ）
訓 —

中身がいっぱいになる？

充

充実
充電
充分

常用漢字

音 ジュウ
訓 あてる

不幸をもたらすイメージ？

厄

厄年
厄介
災厄

常用漢字

音 ヤク（・ガ）
訓 —

まっすぐなくびすじのライン

領

篆文 

頭を表す「頁」と、まっすぐ立つ意の音を示す「令《レイ→リョウ》」を合わせた字。後頭部のまっすぐな部分、うなじの意。理《リ》と音が近いために借用されて「おさめる」意になった。

髪を剃ったおでこのこと

題

篆文 

頭を表す「頁」と、髪を剃る意の音を示す「是《シ→テイ》」を合わせた字。髪を剃って広くした部分、額の意。奴隷の額に印をつけて所属を示したことから「しるし」の意になった。

子供が成長すること

充

篆文 

赤子が逆さで生まれる形を表す「𠫓」と、伸びる意の音を示す「儿《ジン→ジュウ》」を合わせた字。子どもが成長する意。育って肉がつくことから「中身がいっぱいになる」意になった。

背中が突起した人

厄

篆文 

人がひざまずく形の「㔾」と、突起する意の音を示す「厂《ガン→ガ》」を合わせた字。背が曲がって突起した人がひざまずく意。戹《ヤク》の篆文と形が近いことから「わざわい」の意になった。

相手を恐れさせる？

常用漢字

脅

音 キョウ

訓 おどす おびやかす

脅威　脅迫

君主に仕える人？

教育漢字

臣

音 シン・ジン

訓 ―

臣下　忠臣　大臣

山間のくぼ地？

教育漢字

谷

音 コク

訓 たに

谷底　谷間　峡谷

必要とする感じ？

常用漢字

須

音 シュ・ス

訓 すべからく

必須　須要

大切な部分？

教育漢字

要

音 ヨウ

訓 いる

要点　重要　必要

中心から最も離れた部分？

常用漢字

端

音 タン

訓 はし・はた は

先端　異端　端役

わきばらのこと

脅

篆文

体を表す「月」(肉)と、両側からそえる意の音を示す「劦《キョウ》」を合わせた字。わきばらの意。劫《キョウ》と同音のために「おどす」意になり、わきばらは脇の字で表した。

大きな目玉をひんむく

臣

金文

大きな黒目玉をむいて見張っている形の象形字。シンの音は突出の意を示す。人に仕える意の使《シ》と音が近いことから借用されて「けらい」の意になった。

深く開いた口のこと

谷

金文

深く開く意の「仌」と、口の意の音を示す「口《コウ→コク》」を合わせた字。深く開いた口の意。後に山と山の間に深く開いた口、つまり「たに」の意で使われた。

あごひげのこと

須

篆文

あごの下にはえる毛、あごひげの象形字。シュの音はひげが垂れ下がる意を示す。もちいる意の需《シュ》と音が近いことから借用されて「必須」の意になった。

人の腰のこと

要

篆文

背骨と腰骨と両脚の象形字。ヨウの音は衣を締める意を示す。紐で締める所、腰の意。後に「大事な所(かなめ)」「いる」意になったため腰の字ができた。

まっすぐに立つという意味

端

篆文

足を伸ばして体を縦に支える意の「立」と、まっすぐの意の音を示す「耑《タン》」を合わせた字。まっすぐに立つ意。「端正」や「端麗」の意味を思い出せば納得だ。

形や向きがまっすぐ？

教育漢字

正

音　セイ・ショウ

訓　ただしい　まさ

正義　正式　正体

じっとして動かない？

教育漢字

止

音　シ

訓　とまる

中止　停止　止血

強くて勇ましい感じ？

教育漢字

武

音　ブ・ム

訓　―

武力　武士　武器

ほんのちょっと？

教育漢字

寸

音　スン

訓　―

寸断　寸法　寸前

あらたまって丁重に言う？

教育漢字

申

音　シン

訓　もうす

申請　申告　上申

人体の司令塔？

教育漢字

脳

音　ノウ

訓　―

頭脳　大脳　脳天

膝から下の足

正

金文

（足）

膝からかかとまでを描いた象形字。もとは足と同じ字。膝は曲がるが膝から下はまっすぐで曲がらないことから後に「ただしい」の意に。正義は足に宿る？

人の足跡だった

止

金文

人の足跡を描いた象形字。足首までの部分を表す。足跡は足をとめてできることから、「とまる」の意に。後に足へんをつけて足跡を表す趾の字ができた。

ひとまたぎのこと

武

甲骨

足跡を表す「止」と、またぐ意の音を示す「戈《カ↓ブ》」（↑跨《カ》）を合わせた字。ひとまたぎの意。一歩の半分が武だ。後に伐の字にかわって「戦う」意で使われた。

指一本分の幅だった

寸

篆文

手の形の「ヨ」と、一本の指を表す「一」を合わせた字。脈を診るために手首から指一本分の場所をおさえる意。その幅を一寸とし、長さの単位とした。

まっすぐのびた体

申

篆文

人の背骨と左右の肋骨の形を描いた象形字。まっすぐのびた人体の意（シンの音は伸《シン》と通じる）。陳《チン》と音が近いために借用されて「申し述べる」意になった。

頭の中のあぶらだった

脳（匘）

篆文

もとの字は匘。髪が生えた頭を表す「𡿺《シン》」と、脂肪の意の音を示す「匕《シ↓ノウ》」（↑脂《シ》）を合わせた字。頭の中のあぶらの意。字形は匘から腦、また脳へと変わった。

うなずいて承知する？

常用漢字

肯

音 コウ
訓 ―

肯定　首肯

あきらかな感じ？

人名漢字

亮

音 リョウ
名 あきら

亮然　明亮　谷亮子

ほとけさま？

教育漢字

仏

音 ブツ
訓 ほとけ

仏教　仏壇　大仏

いつくしむ？

教育漢字

仁

音 ジン・ニ
訓 ―

仁義　仁愛　御仁

他のものに寄りかかる？

常用漢字

依

音 イ・エ
訓 ―

依頼　依託　依拠

そのもの以外？

教育漢字

他

音 タ
訓 ―

他人　他力　自他

骨つき肉のことだった

肯（肎）

篆文

もとの字は肎。体を表す「月」（肉）と、付着する意の音を示す「骨《コツ→コウ》」（冂）（↑膠《コウ》）を合わせた字。骨につく肉の意。可《カ》と近音のために後に「承知」の意になった。

体が軟弱な人という意味

亮

篆文

人の体の形を表す「儿」と、軟弱の意の音を示す「京《キョウ→リョウ》」（↑倞《リョウ》）を合わせた字。体が軟弱な人の意。谷亮子氏を「ヤワラ」と呼ぶのは漢字的にも正解だった？

人がそっくりすぎること

仏（佛）

篆文

もとの字は佛。人の「イ」と、見分けられない意の音を示す「弗《ブツ》」（↑髴《フツ》）を合わせた字。人が似て区別できない意。ブッダの音訳から「ほとけ」の意になった。

荷を背負って腰が曲がった人

仁

甲骨

人を表す「イ」と、荷物の意の音を示す「二《ジ→ジン》」（↑任《ジン》）を合わせた字。荷物を背負った人の意。愛する意の忎《ジン》と同音のために「いつくしむ」意に借用された。

体が傾いた人

依

篆文

人を表す「イ」と、傾く意の音を示す「衣《イ》」（↑倚《イ》）を合わせた字。片足の障害で傾いた人の意。傾いて他に身を預けることから「寄りかかる」意になった。

人が荷物を背負うこと

他

篆文

人を表す「イ」と、加える意の音を示す「也《タ》」（↑加《カ》）を合わせた字。人が背に荷を加える意。「ほか」の意の它《タ》（蛇）と同音のために「別の人」の意に借用された。

一つの物や一人の人？

個

教育漢字

音 コ(・カ)

訓 ―

個人　個性　個体

わが物として一時的に使う？

借

教育漢字

音 シャク

訓 かりる

借金　借家　拝借

万の一万倍？

億

教育漢字

音 オク

訓 ―

億万　億兆　巨億

サマー？

夏

教育漢字

音 カ・ゲ

訓 なつ

初夏　夏至　真夏

米を入れる藁《わら》の袋？

俵

教育漢字

音 ヒョウ

訓 たわら

土俵　米俵　徳俵

父と母？

親

教育漢字

音 シン

訓 おや
したしい

親子　両親　親権

鎧《よろい》を着ている人

個

人を表す「イ」と、鎧を着る意の音を示す「固《コ》」（←介《カイ》／鎧の意）を合わせた字。鎧を着た人の意。後に竹などを数える際に使う箇《カ》の代用字になった。

ものまねする人！

借

篆文

人を表す「イ」と、振りをする意の音を示す「昔《セキ→シャク》」（←作《サク》）を合わせた字。本物の振りをする人の意。後に人の意が消えて「代用」「かりもの」の意になった。

心が満足した人

億

篆文

人を表す「イ」と、心が満ちる意の音を示す「意《ヨク→オク》」を合わせた字。満足した人の意。後に人の意が消えて「数が満ちて多い」意となり、数の単位となった。

仮面をかぶって踊る人

夏

金文

人が仮面をつけて踊っている姿の象形字。太陽が火のようにあつい意の「是《カ》」（[illegible]）と音が同じことから、後に借用されてあつい季節の「なつ」の意になった。

体が身軽な人

俵

篆文

人を表す「イ」と、軽く弾む意の音を示す「表《ヒョウ》」（←剽《ヒョウ》）を合わせた字。身軽な人の意。米をつつむ意の包《ホウ》と音が近いことから「米用の藁《わら》袋」の意になった。

身近でみている同姓の人

親

金文

目でみる意の「見」と、姓が同じ意の音を示す「辛」（←生《セイ》）を合わせた字。いつも身近でみている同姓の人、親族の意。後にもっぱら父母を指すようになった。

ホワット？

教育漢字

何

音 カ

訓 なに・なん

何時　何人　何事

連れ合い？

常用漢字

伴

音 ハン・バン

訓 ともなう

伴侶　伴奏　同伴

早くするようせき立てる？

常用漢字

促

音 ソク

訓 うながす

促進　促成　催促

アクター？

教育漢字

俳

音 ハイ

訓 ―

俳優　俳諧　俳句

孔子の教え？

教育漢字

儒

音 ジュ

訓 ―

儒教　儒学　儒者

頭を働かせる？

教育漢字

考

音 コウ

訓 かんがえる

考察　考案　思考

背中が曲がった人

何

篆文 

人を表す「イ」と、背が曲がる意の音を示す「可《ク→カ》」（↑句《ク》）を合わせた字。背中が曲がった人の意。疑問詞の「曷《カツ》」と近音のために「なに」の意に借用された。

デブのことだった

伴

篆文 

人を表す「イ」と、太っている意の音を示す「半《ハン》」（↑胖《ハン》）を合わせた字。太った人の意。同伴の意の㚘《ハン》と音が同じことから「ともなう」意に借用された。

チビのことだった

促

篆文 

人を表す「イ」と、縮まる意の音を示す「足《ソク》」（↑縮《シュク》）を合わせた字。背が低い人の意。せき立てる意の速《ソク》と同音のために借用されて「うながす」意になった。

背中が曲がった男

俳

篆文 

人を表す「イ」と、背が曲がる意の音を示す「非《ヒ→ハイ》」（↑斐《ヒ》）を合わせた字。背が曲がった男の意。彼らが宴で芸を披露したことから「芸人」「滑稽」の意に。

体の柔弱な小人

儒

篆文 

人を表す「イ」と、柔らかい意と小人の意の音を示す「需《ジュ》」を合わせた字。体の柔弱な小人の意。天文や卜占《ぼくせん》などの学術を治めた小柄な柔弱人を儒と呼んだ。

お年寄りのこと

考

金文 

長髪の老人を表す「耂」と、曲がる意の音を示す「丂《ク→コウ》」（↑句《ク》）を合わせた字。腰の曲がった老人の意。思考の意の覈《カク》と近音のため「考える」意に借用された。

第五章
実は人の動作を表した意外な漢字

LOVE?

愛

教育漢字

音 アイ

訓 ―

恋愛
愛情
愛人

実は人の動作を表した意外な漢字

忍び足で歩いたり、あくびしたり、肉を捧げたり、嘔吐したり、逆立ちしたり、背伸びしたり……。昔の人が様々な動作をするうちに、六七個の漢字が生まれました。一読すれば、愛や優しさ、正義や真実といった人生で大切なものの本質が見えてくるでしょう。

こっそり歩く！

愛

篆文

すり足でそっと歩く意を表す「夊《スイ》」（／下向きの足跡）と、こっそりの意の音を示す「旡《キ↓アイ》」（↑曖《アイ》）を合わせた字。それとなくこっそり歩く意（「曖昧」の曖が、はっきりしない意であることを思い出してほしい）。後に「食べものを恵む心」の意の旡《アイ》と同様に「いつくしむ」意になった。ちなみに旡は食べものを恵む意の音を示す「无《キ》」（↑饋《キ》）と「心」を合わせた字である。

一部が壊れてとれる？

欠

欠員
欠陥
補欠

教育漢字

音　ケツ（・ケン）

訓　かける

ヨーロッパ？

欧

欧州
欧米
渡欧

常用漢字

音　オウ

訓　—

過去に経てきた足跡？

歴

歴史
履歴
学歴

教育漢字

音　レキ

訓　—

上下をつなぐ通路？

段

階段
段階
段落

教育漢字

音　ダン（・タン）

訓　—

あくびをする

欠（缺）

金文

篆文

大口を開けてあくびをする形の象形字。ケンの音は気力が少ない意を示す。土器が割れて開く意の缺《ケツ》の俗字として使われ、「かける」意になった。本来の意は「欠伸《あくび》」に見える。

オウと言いながら嘔吐する

欧（歐）

古璽

篆文

もとの字は歐。大口を開けた形の「欠」と、ものを吐く際の音を示す「區《ク→オウ》」を合わせた字。口を開けてオウと言って吐く意。後に Europe の音訳に用いた。欧州は嘔州だった。

次 p.106 ◀

一定の間隔で歩く

歴（歷）

甲骨

篆文

もとの字は歷。足跡を表す「止」と、一定の間隔の意の音を示す「厤《リ→レキ》」（↑離《リ》）を合わせた字。一定の幅で歩く意。延長されて「月日の変遷」「経てきた跡」の意になった。

竹を束ねた杖でたたく

段

篆文

竹を束ねた杖を表す「殳」と、たたく意の音を示す「[illegible]《タン》」（↑打《タ》）を合わせた字。竹の杖でたたく意。物をたたいて「わける」ことから後に「くぎり」「階段」の意になった。

表面を覆うかたい外皮？

殻

常用漢字

貝殻　地殻　甲殻

音　カク

訓　から

立派な建物？

殿

常用漢字

宮殿　御殿　神殿

音　デン・テン

訓　との・どの

秩序を守るためのきまり？

法

教育漢字

法律　憲法　法度

音　ホウ・ハッ・ホッ

訓　―

英語でいえばＤＯ？

為

常用漢字

為政者　無為　営為

音　イ

訓　―

釣り鐘を打つ

殻

甲骨

篆文

もとの字は㱿《カク》。打つ意の「殳」と、釣り鐘を表す「𡉉」を合わせた字。釣り鐘を打つ意。鐘の中は空洞なことから「から」の意に。「壳《カク》」をぶらさげた貝がらと解す説もある。

杖で音をたてたたく

殿

篆文

竹を束ねた杖でたたく意の「殳」と、テンテンという音を示す「⿸尸共《トン→テン》」を合わせた字。杖で音をたてたたく意。宮殿の意の壂《テン》と同音のために借用され「御殿」の意になった。

水が流れないよう囲む

法

金文

篆文

水の「氵」と、囲む意の音を示す「去《キョ→ホウ》」(↑阹《キョ》)を合わせた字。水が流れないよう囲む意。延長されて「きまり」の意に。羊に似た獣を流して神判を受ける意と解す説もある。

手振りを真似る

為（爲）

金文

古文

もとの字は爲。手を表す「爫」と、様や形の意の音を示す「象《ショウ→イ》」を合わせた字。手振りを真似る意。振りをすることから「おこなう」の意に。手で象《ぞう》を牽《ひ》く意と解す説もある。

僧侶が住む建物？

寺

寺院
寺社
山寺

教育漢字

音　ジ
訓　てら

軍隊のトップ？

将

将軍
将校
大将

教育漢字

音　ショウ
訓　―

問いたずねる？

尋

尋問
審尋
尋常

常用漢字

音　ジン
訓　たずねる

争いに負ける？

敗

敗北
勝敗
敗者

教育漢字

音　ハイ
訓　やぶれる

手を動かして働く

寺

金文

篆文

手の「寸」と、動かす意の音を示す「止」（土はその変形）を合わせた字。手を動かして働く意。昔、役人らが働く所に外来の僧侶を泊めたため、僧侶の住居を寺と呼んだ。

手で肉をささげる

将

（將）

金文

篆文

もとの字は將。肉と手を表す「夕寸」と、ささげる意の音を示す「爿《ショウ》」を合わせた字。神に手で肉をささげる意。一族の長が神事を行うことから後に「ひきいる」意になった

両の手をのばす

尋

甲骨

篆文

右の意の「彐口」と左の意の「寻」を合わせた字。右手と左手をのばす意。両手をのばした幅、一尋《ひろ》（約一八〇センチ）の長さを表す。訊《ジン》と同音のため「たずねる」意に借用された。

崩れるまで打ちこわす

敗

金文

篆文

棒で打つ意を表す「攵」と、崩れる意の音を示す「貝《バイ→ハイ》」を合わせた字。ばらばらに崩れるまで打ちこわす意。延長されて「やぶれる」意に。本来の意は「腐敗」の語に残る。

固体が液体になる？

溶

溶解
溶岩
溶接

常用漢字

音 ヨウ

訓 とける

グループ？

班

班長
救護班
一班

教育漢字

音 ハン

訓 ―

取り締まる？

監

監督
監査
監獄

常用漢字

音 カン

訓 ―

うそのないこと？

真

真実
真意
真相

教育漢字

音 シン

訓 ま

水をなみなみと入れる

溶

篆文

水を表す「氵」と、いっぱいになる意の音を示す「容《ヨウ》」を合わせた字。器に水をなみなみと入れる意。鉱物がとける意の鎔《ヨウ》と同じ音のために借用されて「とける」意になった。

玉をわける

班

篆文

二つの玉がならぶ意の「玨」と、分ける意の音を示す「分《フン→ハン》」(刂)を合わせた字。玉を分ける意。後に玉の意は消えてただ「わける」「グループ」「順序」の意になった。

水にうつして見る

監

金文

篆文

人が大目玉を見開いて水の入った皿を見つめている形の象形字。水を入れた皿の水面にうつった姿を見る意。後に水鏡の意が消えてただ「みる」「かんがみる」意になった。

人が逆さにひっくり返る

真（眞）

石鼓

篆文

もとの字は眞。人を逆さにした形の「匕」と、首を逆さにした形の「𥄉」(顚《テン》の原字)を合わせた字。人が逆さにひっくり返る意。信《シン》と同音のために「まこと」の意に借用された。

目的地まで行き着く？

到

到着
到達
到来

常用漢字

音 トウ

訓 ―

何かを提供する？

与

贈与
授与
給与

常用漢字

音 ヨ

訓 あたえる

ガードする？

護

護衛
警護
養護

教育漢字

音 ゴ

訓 ―

おきあがる？

起

起床
起立
決起

教育漢字

音 キ

訓 おきる

人が逆立ちする

到

金文

篆文

もとの字は𦤺(到は誤った形)。「人」と、矢が逆さに地面に立つ意の音を示す「至《シ→トウ》」を合わせた字。人が逆立ちする意。延長されて「いたる」「ゆきつく」意になった。

多くの人が手を組み合う

与(與)

金文

篆文

もとの字は與。四つの手の形の「舁」と、組み合う形の「与」を合わせた字。多くの仲間が手を組み合う意。あたえる意の与《ヨ》と同音のために後に「あたえる」意に借用された。

ことばをぐるぐる言い回す

護

篆文

「言」と、回す意の音を示す「蒦《カク→コ》」(↑亘《カン》)を合わせた字。ことばをぐるぐる言い回す意。言い逃れをして己をかばうことから「まもる」意に。本来の意は「弁護」に残る。

走るのをやめて立ち止まる

起

篆文

古文

走る意の「走」と、とどまる意の音を示す「巳《シ→キ》」(己は誤った形)(↑止《シ》)を合わせた字。走るのをやめて立ち止まる意。立っていることから後に「たつ」「おきる」意になった。

円のような形？

丸

弾丸
丸薬
丸太

教育漢字

音　ガン

訓　まる

英語でいえばNOW？

今

今月
今日
今時

教育漢字

音　コン・キン

訓　いま

顔が向いている方向？

前

前進
前方
前面

教育漢字

音　ゼン（・セン）

訓　まえ

先のことを計画する？

企

企画
企業
企図

常用漢字

音　キ

訓　くわだてる

体をまるめてころがる

丸

篆文

人を表す「⺇」と、まるい意の音を示す「⺄《カン→ガン》」を合わせた字。人が体をまるめてころがる意。延長されて「まるい」意になった。かたよる意の仄《ソク》を左右反転させた字である。

屋根で覆って隠す

今

金文

篆文

屋根の形の「亼」と、隠蔽の意の音を示す「乛《イン→キン》」(↑隠《イン》)を合わせた字。屋根で覆い隠す意。にわかの意の遽《キョ》と近音のため、後に「いま」の意に。「今日《きょう》」の読みを思い出そう。

刀で切りそろえる

前

篆文

刀を表す「刂」と、そろえる意の音を示す「歬《セン》」(肯は略体)(↑斉《セイ》)を合わせた字。刀で切りそろえる意。後に「まえ・さきだつ」意になり、切りそろえる意の剪《セン》・揃《セン》ができた。

かかとを上げて立つ

企

甲骨

篆文

人を表す「亻」(人)と、爪先で立つ意味の音を示す「止《シ→キ》」を合わせた字。爪先立ちで立つ意。人が背伸びして立つ意。爪先立ちで遠くを望み見ることから延長されて「くわだてる」意になった。

藤岡琢也とか辰巳琢郎とか？

琢

人名漢字

音　タク

名　あや・たか

琢也　琢郎　琢磨

お互いに何かする？

相

教育漢字

音　ソウ・ショウ

訓　あい

相互　相違　相談

切手収集とかおもむきとか？

趣

常用漢字

音　シュ

訓　おもむき

趣味　妙趣　野趣

ものをこしらえる？

造

教育漢字

音　ゾウ

訓　つくる

製造　造船　木造

混じりっ気なし？

透

常用漢字

音　トウ

訓　すける

透明　透視　浸透

楽しみにふける？

遊

常用漢字

音　ユウ・ユ

訓　あそぶ

遊戯　遊園地　豪遊

磨いた玉に彫刻する

琢(琢)

篆文 

もとの字は琢。「玉」(𤣩)と、彫刻する意の音を示す「豖《チョウ→タク》」(↑彫《チョウ》)を合わせた字。玉をみがいて彫刻する意。「切磋琢磨《せっさたくま》」や「彫琢《ちょうたく》」を思い出そう。

外から内部を見抜く

相

甲骨 

「目」と、見抜く意の音を示す「木《ショウ》」(桑の略体/省の意)を合わせた字。目で内部まで見抜く意。出会う意の遭《ソウ》と同音のため、後に「相互」の意に借用された。

走ってとらえる

趣

金文 

「走」と、とらえる意の音を示す「取《シュ》」を合わせた字。走ってとらえる意。延長されて「おもむく」意に。さらに、志がおもむく「趣味」の意となった。

歩いていって席につく

造

金文 

道を歩く意を表す「辶」と、席につく意の音を示す「告《ジュウ→ゾウ》」を合わせた字。歩いていって席につく意。作《サク》(乍)と音が近いため後に「つくる」意に借用された。

作 p.48 ◀

歩いて人の先に出る

透

篆文 

道を歩く意を表す「辶」と、突き出る意の音を示す「秀《シュウ→トウ》」を合わせた字。歩いて人の先に出る意。通りすぎることから後に「とおる」「すきとおる」意になった。

道をゆっくり歩く

遊

古文 

道を歩く意を表す「辶」と、ゆったりする意の音を示す「斿《ユウ》」(↑悠《ユウ》)を合わせた字。道をゆっくり歩く意。延長されて「あそぶ」意に。まさしく「遊歩道」だ。

ミクロな感じ？

常用漢字

微

音 ビ
訓 ―

微妙　微細　微小

品性が立派なこと？

教育漢字

徳

音 トク
訓 ―

道徳　徳育　人徳

意見を口に出す？

教育漢字

述

音 ジュツ(・シュツ)
訓 のべる

口述　述懐　記述

ぴったりあてはまる？

教育漢字

適

音 テキ
訓 ―

最適　快適　適正

セレクトする？

教育漢字

選

音 セン
訓 えらぶ

選択　選挙　落選

うつりかわる？

常用漢字

遷

音 セン
訓 ―

変遷　遷都　左遷

こっそり歩く

微

篆文

道を表す意の「彳」と、見えないほど小さい意の音を示す「敳《ビ》」を合わせた字。目立たないようこっそり道を歩く意。後に「かすか」「こまかい」意になった。

高い所にのぼる

徳

金文

道の意の「彳」と、のぼる意の音を示す「悳《ショウ→トク》」(↑升《ショウ》)を合わせた字。高所にのぼる意。憐れむ心の意の悳《トク》(悳)と同音のために「道徳」の意に借用された。

人の後についていく

述

金文

道を歩く意の「辶」と、したがう意の音を示す「朮《シュツ》」(↑循《シュン》)を合わせた字。人の後についていく意。延長されて、人の意見を継いで「のべる」意になった。

外に出かけてゆく

適

篆文

道を歩く意の「辶」と、出かける意の音を示す「商《テキ》」(↑之《シ》)を合わせた字。外に出かけていく意。かなう意の敵《テキ》と同音のために「あてはまる」意に借用された。

後に続いて歩く

選

篆文

道を歩く意の「辶」と、後に続く意の音を示す「巽《ソン→セン》」(↑遵《シュン》)を合わせた字。後に続いて歩いていく意。えらぶ意の揀《*カン》と音が近いため「えらぶ」意に借用された。

高い所にのぼる

遷

篆文

道を歩く意の「辶」と、高い所にうつる意の「䙴」を合わせた字。高い所にのぼる意。後に一般に「うつる」意となった。山にうつるのが本来の「遷都」か。

＊「セン」「カン」は韻（響き）が同じ。畳韻という

セブン？

教育漢字

七

音 シチ
訓 なな

七月　七曜　七福神

書物を世に出す？

教育漢字

刊

音 カン
訓 ―

刊行　創刊　朝刊

罪人を罰する？

常用漢字

刑

音 ケイ
訓 ―

刑罰　死刑　処刑

ひとつらなりに並ぶ？

教育漢字

列

音 レツ
訓 ―

行列　隊列　序列

作用の結果？

教育漢字

効

音 コウ
訓 きく

効果　効能　有効

相手を負かす？

教育漢字

勝

音 ショウ
訓 かつ・まさる

勝利　辛勝　全勝

細かく切り分ける

七　甲骨 

横棒を中央から縦に切断することを示す字。特に細かく切り分ける意。ななつの意の音を示す折《セツ》と音が近いために借用されて、数詞の七になった。

刀で木をほりおこす

刊　篆文 

刀を表す「刂」と、ほりおこす意の音を示す「干《カン》」を合わせた字。刀で木をほりおこしてけずる意。板に字をほって刷ったことから「出版」の意になった。

刀で傷をつける

刑　金文 

刀を表す「刂」と、傷つける意の音を示す「井《ソウ》」（↑刅《ソウ》）を合わせた字。刀で体に傷つける意。罰として体に傷つけたことから「罪人を罰する」意になった。

刀でばらばらにわける

列　篆文 

刀を表す「刂」と、ばらばらにする意の音を示す「歹《レツ》」（↑裂《レツ》）を合わせた字。刀でばらばらにする意。わけた部位を順に置くことから「並べる」意になった。

無理に真似させる

効（效）　甲骨 

もとの字は效。強制の意の「攵」と、子が真似る意の音を示す「交《コウ》」（↑倣《ホウ》）を合わせた字。無理に真似させる意。報《ホウ》と近音のため「ききめ」の意に借用された。

力を入れて持ち上げる

勝　篆文 

「力」と、上にあげる意の音を示す「朕《ヨウ→ショウ》」（↑丞《ショウ》）を合わせた字。力を出して持ち上げる意。延長されて「たえる」、さらに「かつ」「まさる」意になった。

手に入れる？

教育漢字

取

音 シュ
訓 とる

取材　奪取　採取

南の反対の方角？

教育漢字

北

音 ホク（・ハイ）
訓 きた

北極　北緯　北国

物の周りにからみつける？

教育漢字

巻

音 カン（・ケン）
訓 まく・まき

巻物　巻頭　全巻

それひとすじ？

教育漢字

専

音 セン
訓 もっぱら

専用　専有　専門

同じことを繰り返す？

教育漢字

再

音 サイ・サ
訓 ふたたび

再会　再起　再生

思いやりがあって親切？

教育漢字

優

音 ユウ
訓 やさしい
すぐれる

優雅　優美　優遇

耳をつかむ

取

金文

「耳」と、手でつかむ意と音を表す「又《ユウ→シュ》」（手）を合わせた字。手で耳をつかむ意。後に耳に限らず「つかむ」意に。牛の耳をつかんで操るのが「牛耳《ぎゅうじ》る」だ。

背を向ける

北

金文

二人の人が背を向け合う形の象形字。比（ならぶ）の反対の意。温暖な南方を向いたときの背中側の方角を「北」で表した。背《ハイ》は北に月（肉）を加えた字だ。

ひざまずいて体をまるめる

巻（卷）

篆文

ひざをまげた形の「㔾」と、まるめる意と音を示す「龹《ケン→カン》」（↑丸《カン》）を合わせた字。ひざまずいて体をまるめる意。まるめる意から延長されて「まく」意になった。

糸巻玩具を手に持つ

専（專）

金文

もとの字は專。手を表す「寸」と、糸巻玩具の形の「叀《セン》」を合わせた字。糸巻玩具を持つ意。赤子が玩具を持って離さないことから「専有」の意になった。

竹かごをもう一つ台にのせる

再

篆文

竹かごの形の「冉」と、それを重ねるための台の形の「一」を合わせた字。竹かごをもう一つ台にのせる意。延長されて「かさねて」「ふたたび」の意になった。

踊りを舞う人

優

篆文

人の「亻」と、手振りをして舞う意の音を示す「憂《ユウ》」（↑擾《ジョウ》）を合わせた字。舞う人の意。舞いが淑《しと》やかで上手なために「やさしい」「すぐれる」の意になった。

ネクスト？

教育漢字

次

音 ジ・シ
訓 つぐ・つぎ

次男　次点　次回

大切に維持する？

教育漢字

保

音 ホ
訓 たもつ

保安　保護　保身

外側の部分？

教育漢字

周

音 シュウ
訓 まわり

周囲　円周　周辺

人としての正しい道？

教育漢字

義

音 ギ
訓 ―

正義　義務　義理

時間が長いこと？

教育漢字

久

音 キュウ・ク
訓 ひさしい

永久　恒久　久々

がんばって勝つ？

常用漢字

克

音 コク
訓 ―

克服　克己　下克上

立ち止まって休む

次

篆文

あくびを表す「欠」と、立ち止まる意の音を示す「二《ジ》」（冫）（←止《シ》）を合わせた字。立ち止まって休む意。交代で休むことから「順序」「つぎ」の意になった。

欠 p.86 ◀

赤ん坊をおんぶする

保

金文

人が赤ん坊をおくるみに入れて背負う形の象形字。幼い子を大切に背負うことから「まもる」「たもつ」意に。「保育」や「保母」を思い出せば納得だ。

口を閉じてしゃべらない

周

金文

「口」と、びっしり茂る意の音を示す「田《チユウ→シユウ》」を合わせた字。口を閉じて発言しない意。稠《チユウ》と音が近いことから後に「ゆきわたる」「まわり」の意に借用された。

神前で美しく舞う

義

金文

美しい意を表す「羊」と、舞う意の音を示す「我《ガ→ギ》」（↑夏《カ》）を合わせた字。美しい舞の意。神前で礼に則って舞うことから、「儀礼」「正しい」の意になった。

夏 p.80 ◀

人が引き止められる

久

篆文

人を表す「ク」と、後ろから引き止める意の「乀」を合わせた字。人が引き止められる意。じっととどまっていることから「長い間」「ひさしい」の意になった。

重い冑《かぶと》をかぶる

克

金文

人が重たい冑をかぶっている姿の象形字。冑の重みが肩にかかっているのをじっと我慢することから「たえしのぶ」「うちかつ」意に延長された。

フォー？

四

教育漢字

音　シ
訓　よん・よつ

四季　四角　四方

普通とは違っている？

奇

常用漢字

音　キ
訓　―

奇妙　奇異　珍奇

いろいろでもろもろ？

庶

常用漢字

音　ショ
訓　―

庶務　庶民　庶事

ある範囲に達する？

及

常用漢字

音　キュウ
訓　およぶ

言及　追及　普及

十二支の三番目？

寅

人名漢字

音　イン
名　とら

寅年　初寅《はつとら》　寅さん

そのとおりに書き取る？

写

教育漢字

音　シャ
訓　うつす

写経　描写　写真

口から息を出す

四  金文

口から息が出る様子を描いた象形字。昔は指を四本並べ、並べる意の肆《シ》で四の数を表した。後にシの音が同じため、四が数詞として借用された。

一本足で立つ

奇  篆文

人が立つ姿を表す「大」と、一本足の意の音を示す「可《カ→キ》」を合わせた字。人が一本足で立つ意。普通は二本足で立つことから「めずらしい」意になった。

火の上に置く

庶  金文

火を表す「灬」と、置く意の音を示す「石《セキ→ショ》」(⿸广廿)(←措《ソ》)を合わせた字。火の上に置いて炙《あぶ》る意。多い意の諸《ショ》と音が同じため「もろもろ」の意に借用された。

前の人に手が届く

及  金文

人(亻)の背中に手(ヨ)が届いている形の象形字。キュウの音は「相続く」意を示す。前を行く人に追いつくことから、後に「およぶ」意に延長された。

両手で曲がった矢をのばす

寅  金文

矢の形の「」と、手を組む意を表す「臼」を合わせた字。両手で矢の曲がりをまっすぐにのばす意。十二支に使われるのは本来の意とは関係がない。

家から家へ移動させる

写(寫)  篆文

もとの字は寫。家を表す「宀」と、物を運びおろす意の音を示す「舄《シャ》」(←卸《シャ》)を合わせた字。家から家へうつす意。後に字を書き「うつす」意に延長された。

軍隊の階級？

常用漢字

尉

音 イ

訓 ―

大尉　少尉　尉官

何かをけしかける感じ？

常用漢字

挑

音 チョウ

訓 いどむ

挑戦　挑発

自制する感じ？

常用漢字

控

音 コウ

訓 ひかえる

控除　控訴　控え目

建物？

教育漢字

舎

音 シャ

訓 ―

宿舎　官舎　校舎

調合した薬？

常用漢字

剤

音 ザイ

訓 ―

調剤　薬剤　錠剤

ある場所に向かう？

常用漢字

赴

音 フ

訓 おもむく

赴任　赴援　赴告

火熨斗《ひのし》（アイロン）で抑える

尉（尉）

篆文 

もとの字は尉。手に火熨斗を持つ形の「灯」と、抑圧の意の音を示す「尸《イ》」を合わせた字。火のしで抑える意。武力で抑えることから軍の階級の意になった。

尉 p.46 ◀

手でかきみだす

挑

篆文 

手の「扌」と、かきみだしてふるい動かす意の音を示す「兆《チョウ》」（↑撓《ドウ》）を合わせた字。手でかきみだす意。延長されて「いどむ」意に。提灯《ちょうちん》は挑灯とも書く。

手でひっぱってひきとめる

控

篆文 

手を表す「扌」と、ひっぱる意の音を示す「空《コウ》」（↑扣《コウ》）を合わせた字。ひっぱってひきとめる意。「さしひく」「訴える」「遠慮する」意に延長された。

ゆっくり息をして休む

舎（舍）

金文 

息する意の「口」と、ゆっくりする意の音を示す「余《ヨ→シャ》」（亼は変形）（↑徐《ジョ》）を合わせた字。ゆっくり息をして休む意。延長されて「休憩用の家」の意になった。

刀で切りそろえる

剤（劑）

篆文 

もとの字は劑。刀を表す「刂」と、そろえる意の音を示す「齊《セイ→ザイ》」（↑整《セイ》）を合わせた字。刀で切りそろえる意。延長されて、薬をそろえ調合する意になった。

走っていって告げる

赴

篆文 

走る意の「走」と、告げる意の音を示す「卜《ボク→フ》」を合わせた字。走っていって告げる意。後に告げる意が消えてただ「走っていく」「おもむく」意になった。

コラム

読めますか？ちょっと気になる部首の名前［その二］

廾

例 弁弊弄

尢

例 就尤《ユウ》尨《ボウ》

欠

例 次欧欲

殳

例 殴殺殿

隹

例 雇集雄

豸

例 豹貂《チョウ》貌《ボウ》

氺

例 求泰

黽

例 黽《ビン》鼈《ベツ》

黹

例 黹《チ》黻《フツ》黼《フ》

灬

例 烈焦然

あくび　欠

精神力が少なくなって大口を開けてあくびをする様子を表す字。ケンの音から、けんづくりともいう。英語ではLack。

だいのまげあし　尢

「大の曲げ脚」。片脚が曲がった人の形で、体の障害に関することを表す。オウの音からおうにょうとも。英語ではRame。

にじゅうあし　廾

両手を差し出す形で捧げる意を表し、両手の動作に関わる字を作る。別名、こまぬき（こまねき）。英語ではTwo Hands。

ふるとり　隹

尾の短い鳥の形。「鳥」や「酉」と区別するため、「舊」（旧）字にある鳥の意で呼ばれる。英語ではShort Tailed Bird。

【部首こぼれ話】部首は同じでも形が違う？

同じ部首でも字形が微妙に違うというケースがあります。代表的なのは「くさかんむり」。三画の「艹」が標準ですが、「艹」や「艹」という四画の形や、六画の「艸」も（これがもとの形）。字書を引く際は注意です。

るまた　殳

手に棒を持った形で、手の動作に関わる字を作る。呼び名は「ル」＋「又《また》」から。ほこづくりともいう。英語ではWeapon 。

したみず　氺

「水」が脚部に入るときの形（偏に入るときは「氵《さんずい》」）。ただし「泉」のように脚部が「水」になる字もある。英語ではWater。

むじなへん　豸

獣が伏せて獲物を狙う形で、動物に関係することを表す。主にアナグマを指す「貉」字の偏の意。英語ではBadger。

れっか　灬

炎の形の「火」が脚部にきたときの形で、火に関する字を作る。「列火」。れんが（連火）ともいう。英語ではFire。

ぬいとり　黹

衣服や布地の刺繍を意味する。「黻《フツ》」字の偏であることから、ふつへんという呼び名もある。英語ではEmbroidery。

かえる　黽

カエルの一種を表す字。上から見たカエルの形。ただし、カエルよりカメに関係する字に使われている。英語ではFrog。

第六章

実は働くことに関する漢字

リトル・ブラザー？

弟

教育漢字

音 テイ・ダイ・デ

訓 おとうと

兄弟

子弟

舎弟

実は働くことに関する漢字

革なめし職人、田を耕す農夫、
召使い、船頭、鍛冶屋《かじや》、
紡績工、商人、仕立屋……。
人が働く現場で生まれてきた
二七個の漢字をまとめました。
希望も努力も初恋も、
錯乱も成果もイリュージョンも、
働く現場にこそありました。

武器の柄になめし革を順序よく巻く意だった!

弟

金文

篆文

棒状の武器の柄になめした革を順序よく巻きつけた形を描いた象形字。柄に革をうまく巻きつける際には決まった順序があることから「次第」の意になった。また、一家に子どもが複数いる場合には、生まれた順に識別したことから、男きょうだいの背の低い方、「おとうと」の意に。ちなみに、「忄」をつけた悌《テイ》の字は、目上の人に素直に仕える意を表す。弟の体に革を巻いて武器にして遊ぶのはやめよう。

支障がなく都合がいい？

便

教育漢字

便利
便宜
便覧

音　ベン・ビン
訓　たより

かたわら？

傍

常用漢字

傍観
傍線
路傍

音　ボウ
訓　かたわら

うながしたり、さそったり？

催

常用漢字

催促
催眠
催涙

音　サイ
訓　もよおす

～を用いて？

以

教育漢字

以心伝心
以上
以内

音　イ
訓　―

召使いのことだった

便

篆文

人を表す「イ」と、召使いの意の音を示す「更《へイ↓ベン》」（↑俾《へイ》）を合わせた字。召使いの意。人を都合よく便利に使うことから後に「便・不便」の意に延長された。

つなげた船を操る船頭

傍

篆文

人を表す「イ」と、二隻の船をつらねる意の音を示す「旁《ボウ》」を合わせた字。波にまけないようつなげた船を操る人の意。船の片側に船があることから「かたわら」の意になった。

刀を打つ鍛冶《かじ》屋のこと

催

篆文

人を表す「イ」と、刀を打ってきたえる意の音を示す「崔《サイ》」を合わせた字。刀を打ってきたえる人の意。せきたてる意の誰《サイ》と同音のため「うながす」「もよおす」意に借用された。

すきを持つ農夫

以

甲骨

篆文

人を表す「」と、農具のすき（耜《シ》）を表す「」を合わせた字。すきを持つ農夫の意。すきを用いるために「〜を用いて」の意に。さらに時・所の起点の意でも用いるようになった。

用 p.202 ◀

力や体が劣っている？

弱

教育漢字

音 ジャク

訓 よわい

弱小
軟弱
弱点

傾いている様子？

斜

常用漢字

音 シャ

訓 ななめ

斜陽
斜面
斜線

だいたいのところ？

略

教育漢字

音 リャク

訓 ―

省略
略式
概略

鋭い感じと儲ける感じ？

利

教育漢字

音 リ

訓 きく

鋭利
営利
利益

弓のまがりを調整する

弱（弱）

篆文

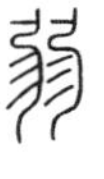

もとの字は弱。弓の調整道具の「弜（弓檠《ゆだめ》）」と、まげる意の音を示す「彡《サン→ジャク》」（↑橈《ジョウ》）を合わせた字。弓のまがりを調整する意。弓がまがりやすいことから「よわい」意に。

ひしゃくでくみだすこと

斜

篆文

ひしゃくを表す「斗」と、くみだす意の音を示す「余《ヨ→シャ》」（↑除《ジョ》）を合わせた字。ひしゃくでくみだす意。ななめの意の衺《ジャ》と同音のために借用されて「ななめ」の意となった。

田んぼを区切って境をつける

略

篆文

「田」と、区切る意の音を示す「各《カク→リャク》」（↑画《カク》）を合わせた字。田を区切って境目をつける意。簡単にする意の約《ヤク》と音が近いことから「はぶく」「あらまし」の意に借用された。

農具で田畑を耕す意味だった

利

金文

篆文

稲の「禾」と、農具のすきの「刂」を合わせた字。すきで田を耕す意。すきが尖っていることから「鋭利」の意に。余分な貨幣の意の頼《ライ》と近音のために「営利」の意になった。

頼 p.214 ◀

ウエアとかドレスとか？

教育漢字

服

音　フク
訓　—

衣服　服装　制服

間をとりもつ感じ？

常用漢字

紹

音　ショウ
訓　—

紹介　継紹

クオリティがグッド？

教育漢字

良

音　リョウ
訓　よい

良質　良好　善良

順序や回数を示す？

教育漢字

番

音　バン
訓　—

順番　番号　番付

足りないものをあてがう？

教育漢字

給

音　キュウ
訓　—

給水　給油　配給

力をそえて助ける？

教育漢字

賛

音　サン
訓　—

賛助　協賛　賛成

盤台に向かって仕事すること

服

金文

盤台を表す「月」(月は変わった形)と、うつむく意の音を示す「𠬝《フク》」(↑伏《フク》)を合わせた字。盤台に向かって仕事する意。包《ホウ》と音が近いために「着物」の意に。

田んぼに種《たね》をまく意だった

番

金文

「田」と、手に種を持つ形の「釆《ハン》」を合わせた字。まく意の播《ハ》の原字。田に種まきをする意。交代する意の反《ハン》と音が近いために「順番」の意に借用された。

糸と糸をつなげること

紹

篆文

「糸」と、つなげる意の音を示す「召《ショウ》」(継《ケイ》)を合わせた字。糸と糸をつなげる意。延長されて、人と人を「つなぐ」「ひきあわせる」意になった。

切れた繭《まゆ》の糸をつなぐこと

給

篆文

「糸」と、切れた繭を素早くつなぐ意の音を示す「合《ゴウ→キュウ》」(↑緝《ユウ》)を合わせた字。素早くつなぐ意。繭の糸を素早くつなぐ意。足りないものを「あてがう」意に延長された。

枡《ます》で米や麦を計る意だった

良

甲骨

計量枡に米などを出し入れする形の象形字。「口」は枡の形、「〻」は米を入れる形、「〻」は計った米を出す形。計って選び出すことから「よい」意になった。

貝や貨幣をプレゼントすること

賛(贊)

篆文

もとの字は贊。「貝」と、進呈の意の音を示す「兟《シン→サン》」を合わせた字。貝などの土産を進呈する意。土産が人と会う手助けとなるために「助ける」意になった。

入りくんでまじる？

常用漢字

錯

音　サク
訓　—

交錯　錯乱　錯綜

秩序をつけたりつくったり？

教育漢字

制

音　セイ
訓　—

規制　制度　制作

お芝居？

教育漢字

劇

音　ゲキ
訓　—

演劇　劇場　劇団

イリュージョン？

常用漢字

幻

音　ゲン
訓　まぼろし

幻覚　幻惑　幻影

ファースト？

教育漢字

初

音　ショ
訓　はつ・はじめ
うい・そめる

最初　初恋　初陣

害が及ばないよう防ぐ？

教育漢字

守

音　シュ・ス
訓　まもる・もり

守備　看守　守護

めっきをかけること

錯

篆文

「金」と、塗る意の音を示す「昔《セキ→サク》」を合わせた字。金属の上に金銀を塗ってめっきをかける意。まじわる意の逪《サク》と音が同じため「まじわる」意に借用された。

枝を刀で切ってそろえる

制

篆文

枝が茂る木の形の「⿱𠂉巾」と、刀を表す「刂」を合わせた字。茂った木の枝を刀で切りそろえる意。枝を切り整えることから「さだめる」「つくる」意になった。

はげしく力を用いる様子

劇（勮）

篆文

もとの字は勮。「力」と、はげしい意の音を示す「豦《キョ→ゲキ》」（↑遽《キョ》）を合わせた字。はげしく力を使う意。たわむれる意の譃《ギャク》と音が近いため「芝居」の意に借用された。

機織《はたお》りで杼《ひ》を押し返す様

幻

篆文

機織りで横糸をいれた杼を左手で押し返す形の象形字。まどわす意の眩《ゲン》と同音のため「まぼろし」の意に。幻と逆に杼を右手で押しやる形の象形字が予《ヨ》だ。

布地を裁断すること

初

篆文

布を表す「衤」と、「刀」を合わせた字。刀で裁断する意。布の裁断は衣服づくりの最初の作業であることから延長されて「はじめ」の意になった。

家の中で仕事すること

守

金文

家を表す「宀」と、手で仕事する意の音を示す「寸《スン→シュ》」（↑手《シュ》）を合わせた字。家で仕事する意。延長されて「支配する」意、さらに「まもる」意になった。

なしとげる？

教育漢字

成

音　セイ・ジョウ
訓　なる

完成　成果　達成

がんばる感じ？

教育漢字

努

音　ド
訓　つとめる

努力　努々《ゆめゆめ》

めったにないこと？

教育漢字

希

音　キ
訓　―

希少　希代　希望

ビルや家をたてる？

教育漢字

建

音　ケン・コン
訓　たてる

建設　建築　建物

物の値段？

教育漢字

価

音　カ
訓　あたい

価格　定価　単価

人と人が離ればなれになる？

教育漢字

別

音　ベツ
訓　わかれる

別離　別居　差別

小刀で表面を幾度も削る

成

甲骨 

小刀を表す「戊」と、重ねる意の音を示す「丁《テイ→セイ》」（↑鄭《テイ》）を合わせた字。小刀で重ねて削る意。何度も削って仕上げることから「なしとげる」意になった。

奴隷のようにはげむ

努

力仕事にはげむ意の「力」と、奴隷の意とその音も示す「奴《ド》」を合わせた字。奴隷のように力仕事にはげむ意。延長されて「つとめる」「はげむ」意になった。

布に糸で刺繍《ししゅう》すること

希

篆文 

布を表す「巾」と、糸を交互に縫う形の「爻《コウ→キ》」（↑交《コウ》）を合わせた字。布に刺繍する意。稀《キ》と音が近いために「まれ」の意に。まれなことを願うのが「のぞみ」だ。

筆を立てて運ぶこと

建

金文 

筆を立てて持つ形の「聿《ジョウ》」と、ゆっくり歩く意の「廴」（↑延《エン》）を合わせた字。筆を立ててゆっくり運ぶ意。筆を立てることから「たてる」意に延長された。

商いをする人の意味だった

価（價）

篆文 

もとの字は價。人を表す「亻」と、儲《もう》ける意の音を示す「賈《コ→カ》」を合わせた字。商売をして儲ける人の意。儲けるためにつける「あたい」の意に延長された。

頭の骨と肉を分解する意

別

篆文 

頭蓋骨《ずがいこつ》の形の「冎」（另は変わった形）と、刀を表す「刂」を合わせた字。刀で頭の骨と肉をバラバラにする意。ものを「わける」「わかれる」意に延長された。

第七章
実は衣食住にからんだ漢字

ふるさと？

郷

教育漢字

音 キョウ・ゴウ

訓 ―

郷土

故郷

郷愁

実は
衣食住に
からんだ漢字

リスペクトと酒、ドクターと酒、
アイディアと食卓、ガスと米、
エンペラーと机、キングと斧《おの》、
コインと農具、エッグと踏み板、
アドベンチャーと帽子……？
二つを結ぶ不思議な関係性を
衣食住にまつわる
六五個の漢字たちが示唆します。

人と人が向き合って座りものを食べる様子だった！

郷

（鄕）

甲骨

篆文

もとの字は鄕。香ばしい食べものを入れた食器を表す「皀」と、二人の人がひざまずいて向かい合う形の「卯《キョウ》」(夘)を合わせた字。二人の人が食器を間に置いて座り、向き合って食べている意。「饗宴」の饗《キョウ》がこの意味を如実に表している(もとは郷と饗と卿《ケイ》が同じ字だったと考えられる)。後に延長されて向かい合った近くの「むらざと」「集落」の意に。郷土に帰ったら人と向き合って座って食事しよう。

向 p.150 ◀

持っている？存在する？

有

教育漢字

音　ユウ・ウ

訓　ある

有力
有名
有無

敬って大切にする？

尊

教育漢字

音　ソン

訓　とうとい
たっとぶ

尊敬
尊重
尊卑

相応のお返しをする？

酬

常用漢字

音　シュウ

訓　―

報酬
応酬

色をしみこませる？

染

教育漢字

音　セン

訓　そめる・しみる

染色
染料
汚染

有

肉を手に持ってさしだす

金文

篆文

肉を表す「月」と、手を表す「ヨ」を合わせた字。獣の肉を手に持ってつきだし、食べるようすすめる意（↑侑《ユウ》）。延長されて、ものを「持っている」、ものが「ある」意になった。

尊（尊）

酒をすすめることだった

甲骨

古文

酒壺《さかつぼ》を表す「酋」と、すすめる意の音を示す「寸《スン↓ツン》」（↑羞《シュウ》）を合わせた字。酒をすすめる意。うやまう意の崇《スウ・シュウ》と音が近いために借用されて「たっとぶ」「とうとい」意になった。

酬

杯を返して酒をすすめる

篆文

酒壺を表す「酉」と、かえす意の音を示す「州《シュウ》」（↑報《ホウ》）を合わせた字。酒の杯を相手に返し飲むようすすめる意。献酬（返杯）のこと。延長されて「むくいる」意になった。

染

肉を醢《ひしお》に漬けること

漢印

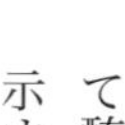

汁の意の「氵」と、手に持って醢*に入れて漬ける意の音を示す「朵《タ↓ゼン》」を合わせた字。肉を醢に漬ける意。醢の味をしみこませることから延長されて「そめる」意になった。

＊塩辛（しおから）の類

テン？

十

教育漢字

音 ジュウ・ジッ

訓 とお・と

十月
十倍
十戒

かぎとかタブレットとか？

錠

常用漢字

音 ジョウ（・テイ）

訓 ―

錠前
手錠
錠剤

コイン？

銭

教育漢字

音 セン

訓 ぜに

金銭
銭湯
銭形

二つの面のうち主の方？

表

教育漢字

音 ヒョウ

訓 おもて
あらわす

表面
表紙
裏表

古代の針の形だった

十

甲骨

金文

針の象形字。素材が竹や骨から金属に変わってから「十」に「金」をつけて針の字ができた。両手の指を合わせて十の数を表した拾《ジュウ》と同音のため数詞の十の意に借用された。

神に供える金属製の高杯《たかつき》のこと

錠

篆文

金属の意の「金」と、高杯の意の音を示す「定《テイ→ジョウ》」を合わせた字。煮たものを盛って神に供えるために用いる金属製の高杯の意。錠前や錠剤の意で用いるのは日本だけだ。

農具の鍬《くわ》のことだった

銭（錢）

篆文

もとの字は錢。金属の「金」と、先端を薄く削る意の音を示す「戔《セン》」を合わせた字。刃を薄く削った鍬の意。古代中国には鍬形の貨幣があったことから「貨幣」の意になった。

体を包む外側の着物

表

篆文

「衣」と、覆い包む意の音を示す「毛《ボウ→ヒョウ》」(主は変わった形)(↑包《ホウ》)を合わせた字。体を覆って包む外側の着物の意。後に衣の意が消えてただ「外側」「おもて」の意に延長された。

中心にあるもの？

核

常用漢字

核心
原子核
核果《かくか》

音 カク
訓 —

ファイブ？

五

教育漢字

五感
五分
五目

音 ゴ
訓 いつつ

孵化《ふか》すると子になる球体？

卵

教育漢字

鶏卵
卵黄
生卵

音 ラン
訓 たまご

むやみに突き進む？

冒

常用漢字

冒険
冒瀆《ぼうとく》
感冒

音 ボウ
訓 おかす

木の皮でできた箱のこと

核

篆文

「木」と、外が堅い皮の意の音を示す「亥《カイ→カク》」（↑殻《カク》）を合わせた字。外側が堅い木の皮の箱の意。果実の種子の意の覈《カク》と同音のため「たね」「中央の堅いもの」の意に借用された。

糸巻の形だった

五

甲骨

金文

「㐅」は糸巻の形の象形字。五の数を示す互《ゴ》と音が同じだったために、数詞の五《ゴ》として借用された。古代には、五本の指で行う糸の綾取《あやと》りの形で五の数を表していた。

機織《はたお》り機の踏み板だった

卵

篆文

機織りの際に両足で左右交互に踏む板の形の象形字。まるいたまごの意の「丸《ガン》」と音が似ていたために「たまご」の意に借用された。魚やカエルの卵の象形字と解す説もある。

目の上を覆う帽子のこと

冒

（冐）

金文

篆文

もとの字は冐。「目」と、冑《かぶと》を深くかぶる形の「冃《ボウ》」を合わせた字。ボウの音は覆う意を表す。目の上を覆う帽子の意。目を覆って無理に進むことから「おかす」意になった。

気

エア？ or ガス？

教育漢字

音 キ・ケ

訓 ―

気体
空気
天気

南

サウス？

教育漢字

音 ナン・ナ

訓 みなみ

南部
南下
南極

奥

入口から深く入った所？

常用漢字

音 オウ

訓 おく

奥地
奥歯
奥義

冗

むだな感じ？

常用漢字

音 ジョウ

訓 ―

冗長
冗漫
冗談

食料として贈る米の意味だった

気（氣）

篆文

もとの字は氣。「米」と、食料を贈る意の音を示す「气《キ》」（↑餼《キ》）を合わせた字。禄《ろく》として与える扶持米《ふちまい》の意。後に空気の意に借用された。米を炊く際の蒸気の意と解す説もある。

テントの中が暖かいこと

南

甲骨

金文

テントの形の「」と、暖かい意の音を示す「《タン→ナン》」（丹）を合わせた字。テント内が暖かい意。*後に陽がよく当たって暖かい方角の意で南の字を用いた。

＊異説がいくつかある

家の中の暖かい所

奥（奧）

篆文

もとの字は奧。家を表す「宀」と、覆われて暖かい意の音を示す「弄《ケン→オウ》」を合わせた字。家の中の暖かい所の意。後に延長されて「深く入った所」の意になった。

家で何もしないでいる人

冗（宂）

金文

篆文

もとの字は宂。家を表す「宀」と、体が曲がった人の意と音を表す「儿《ジョウ》」（）を合わせた字。体が曲がった人が家で何もせずにいる意。後に「むだ」「ひま」の意に延長された。

楽しんでよろこぶ？

常用漢字

歓

音 カン
訓 （よろこぶ）

歓喜　歓楽　歓迎

貴族の身分？

常用漢字

爵

音 シャク
訓 —

男爵　伯爵　爵位

一族の呼び名？

教育漢字

氏

音 シ
訓 うじ

氏名　姓氏　氏神

考えとか計画とか？

教育漢字

案

音 アン
訓 —

考案　思案　提案

ダイレクト&インスタント？

常用漢字

即

音 ソク
訓 （すなわち・つく）

即物　即席　即決

事が起こるもと？

教育漢字

因

音 イン
訓 よる

原因　因果　因縁

飲食のために口を開く様子

歓（歡）

篆文 

もとの字は歡。口を開く形の「欠」と、酒と肴《さかな》の意の音を示す「雚《カン》」を合わせた字。飲食のため口を開く意。飲食は楽しいために「よろこぶ」意に延長された。

スズメ型のさかずきのこと

爵

甲骨 

スズメの形をした三本足の酒器を描いた象形字。古代、お神酒《みき》をこの酒器に受ける順序が位に応じて違っていたことから、貴族の位を表すのに使われた。

先端の鋭い匙《さじ》のことだった

氏

金文 

先端を薄く鋭くした匙の象形字。小山の意の自《シ》と音が同じことから貴族のうじの意に。昔は貴族が小山に住んでいたため貴族のことを「○自《シ》」と呼んでいた。

木でできた食卓の意

案

篆文 

「木」と、ものを置く意の音を示す「安《アン》」を合わせた字。食器を置く食卓の意。押さえて調べる意の按《アン》と音が同じことから「考える」「調べる」意になった。

食べもののそばにひざまずく

即（卽）

甲骨 

食べものを入れた食器を表す「皀」と、ひざまずく形の「卩」を合わせた字。食べもののそばに人が座る意。「そばにつく」「すぐ」の意に延長された。

人の家に居候すること

因

甲骨 

家の周りの囲いを表す「囗」と、人を表す「大」を合わせた字。人の家に身を寄せて暮らす意。「たよる」「ちなむ」意、さらに「原因」の意に延長された。

既 p.140 ◀

ついついやってしまうこと？

常用漢字

癖

音 ヘキ
訓 くせ

性癖　悪癖　盗癖

ドクター？

教育漢字

医

音 イ
訓 —

医者　医師　名医

その場から離れる？

教育漢字

去

音 キョ・コ
訓 さる

過去　消去　除去

運がいい感じ？

常用漢字

吉

音 キチ・キツ
訓 —

吉日　大吉　吉報

うれしがること？

教育漢字

喜

音 キ
訓 よろこぶ

歓喜　喜色　狂喜

自然数で最初の数？

常用漢字

壱

音 イチ（・イツ）
訓 —

壱万円　壱千円

食物が胃にたまって消化しない様子

癖

病を表す「疒」と、つみかさねる意の音を示す「辟《ヘキ》」（↑積《セキ》）を合わせた字。胃に食物がたまって消化しない意。*僻《ヘキ》と同音のため「くせ」の意に借用された。

＊「くせ」の意味の本字は「僻」である

もとは澄んだ酒の意だった

医（醫）

篆文

もとの字は醫。酒壺《さかつぼ》の「酉」と、澄む意の音を示す「殹《エイ→イ》」（↑清《セイ》）を合わせた字。澄んだ酒の意。澄んだ酒を薬にしたため「病を治す人」の意に延長された。

蓋《ふた》のついた飯入れ容器

去

篆文

飯を入れる器の形を描いた象形字。「凵」が器を、「大」がその蓋を表す。蓋のある飯入れの意。器から飯を取りのけることから延長されて「さる」意になった。

食べもので口をみたすこと

吉

甲骨

「口」と、ふさぐ意の「才」（士は変わった形）を合わせた字。キツの音は喫《キツ》（かむ）の意。食べものを口にみたしかむ意。延長されて「よい」意になった。

やわらかい煮ものを口に入れる

喜

金文

「口」と、やわらかく煮る意の音を示す「壴《チュ→キ》」（↑柔《ジュウ》）を合わせた字。やわらかく煮た食物を口に入れる意。よく煮えて美味なことから「よろこぶ」意になった。

壺の酒が発酵していっぱいになる

壱（壹）

篆文

もとの字は壹。酒壺の「壺」と、いっぱいになる意の音を示す「吉《キツ→イツ》」を合わせた字。壺の酒が発酵し気が充満する意。イツと同音のため数詞の一《イツ》に借用された。

陽が落ちる方角？

西

教育漢字

音　セイ・サイ
訓　にし

西方　関西　西日

品性が劣る？

卑

常用漢字

音　ヒ
訓　いやしい

卑猥《ひわい》　卑劣　卑近

幸運なこと？

福

教育漢字

音　フク
訓　―

幸福　福音　祝福

すでに？

既

常用漢字

音　キ
訓　すでに

既婚　既知　既成

ちらばる感じ？

散

教育漢字

音　サン
訓　ちる

散乱　分散　解散

黒くて暗くて深い？

玄

常用漢字

音　ゲン
訓　―

玄米　幽玄　玄人《くろうと》

酒をしぼる竹かごのこと

西

甲骨 

酒かすをしぼるのに使う竹かごを描いた象形字。酒かすをしぼるとかごからしずくが落ちることから、後に夕陽が落ちていく方角、「にし」の意に借用された。

食べ終わって飽きた様子

既（旣）

甲骨 

もとの字は旣。器に山盛りの食事を表す「皀」（）と、顔をそむける意の音を示す「旡《キ》」を合わせた字。ものを食べ飽きた意。「すでに」の意に延長された。

即 p.136 ◀

酒をしぼるかごを握る意

卑

金文 

酒をしぼるかごを逆さにした形の「」と、手の「」を合わせた字。酒をしぼるかごを握る意。酒しぼりは下働きが担ったため「いやしい」意になった。

細かくわけた雑肉だった

散

篆文 

肉を表す「月」と、細かくばらばらにする意味の音を示す「㪔《サン》」を合わせた字。細かくばらばらにした雑肉の意。後にただ「ばらばら」「ちる」の意になった。

祭で授けられるお神酒《みき》のこと

福（褔）

甲骨 

もとの字は褔。神を表す「示」と、酒を入れる壺《つぼ》を表す「畐《フク》」を合わせた字。祭でわけ与えられるお神酒の意。酒の意が消え「神から賜る幸せ」の意になった。

見えないくらい細い糸のこと

玄

篆文 

細い糸の「幺」（）と、音を示す「《ゲン》」（广の略形）を合わせた字。ほぼ見えないくらい細い糸の意。よく見えないことから「くらい」「ふかい」意に延長された。

イエロー？

教育漢字

黄

音　コウ・オウ

訓　き・こ

卵黄　黄金　黄砂

家のひさし？

常用漢字

軒

音　ケン

訓　のき

軒先　軒下　軒昂《けんこう》

目方が少ない？

教育漢字

軽

音　ケイ

訓　かるい　かろやか

軽量　軽快　軽重

おまめさん？

教育漢字

豆

音　トウ・ズ

訓　まめ

豆乳　豆腐　大豆

勢いや力が弱まる？

常用漢字

衰

音　スイ

訓　おとろえる

衰弱　衰退　老衰

まごころ？

常用漢字

衷

音　チュウ

訓　―

衷心　折衷　苦衷

先端に火をつけた矢

黄（黃）

金文

もとの字は黃。先端に火をつけて飛ばす火矢の象形字。「ㅂ」は火、「⊕」はバランスをとるための重りの形。先端の火の色から「きいろ」の意に延長された。

幌馬車のことだった

軒

金文

「車」と、高くあがる意の音を示す「干《カン→ケン》」（↑挙《キョ》）を合わせた字。轅《ながえ》（車蓋）が高くあがった車（幌馬車）の意。後に「あがる」「高い」「ひさし」の意に延長された。

荷物を載せてない空《から》の車

軽（輕）

篆文

もとの字は輕。「車」と、空虚の意の音を示す「巠《ケイ》」を合わせた字。荷物を載せない車の意。*荷物がないとかるくて速く走れることから「かるい」意になった。

＊異説がいくつかある

神に捧げる高杯《たかつき》の形

豆

金文

神に供える食べものを盛る脚つきの器、高杯の象形字。まめの意の荅《トウ》と音が同じために借用されて「まめ」の意に。高杯に盛った穀物の意と解す説もある。

雨具の蓑《みの》のこと

衰

篆文

「衣」と、草がたれさがった形の「㸚」を合わせた字。草でつくった雨具である蓑の意。おとろえる意の㾐《スイ》と音が同じため、「おとろえる」意に借用された。

ランジェリーのことだった

衷

篆文

「衣」と、なかの意の音を示す「中《チュウ》」を合わせた字。着物のなかに着る肌着の意。忠《チュウ》や中《チュウ》と音が同じことから「まごころ」「うち」の意に借用された。

悪いことをこうむる？

常用漢字

被

音 ヒ

訓 こうむる

被害 被爆 被告

湯気のこと？

教育漢字

蒸

音 ジョウ

訓 むす

蒸気 蒸発 燻蒸《くんじょう》

ジェントルマン？

常用漢字

紳

音 シン

訓 ―

紳士 紳商

色や線で平面に描いたもの？

教育漢字

絵

音 カイ・エ

訓 ―

絵画 絵柄 油絵

物品をおさめる？

教育漢字

納

音 ノウ・ナッ・ナ・ナン・トウ

訓 おさめる

納品 納入 滞納

イースト？

教育漢字

東

音 トウ

訓 ひがし

東洋 東北 極東

寝るときに体を覆う寝巻

被

篆文

衣の「衤」と、覆う意の音を示す「皮《ヒ》」（↑覆《フウ》）を合わせた字。全身をすっぽり覆う寝巻の意。延長されて「覆う」意に。被の本来のルビはパジャマかも？

燃料にする麻殻《あさがら》*のこと

蒸

篆文

草木を表す「艹」と、もやす意の音を示す「烝《ジョウ》」（↑焦《ショウ》）を合わせた字。燃料にする麻殻の意。湯気《ゆげ》をあてて煮る意の烝と同音のために「むす」意になった。

＊皮をはいだ麻の茎

腰にしめる太い帯

紳

篆文

おびを表す「糸」と、たばねる意の音を示す「申《シン》」（↑束《ソク》）を合わせた字。高官が礼装に用いた腰をたばねる太帯の意。後にその帯をしめる貴人の意になった。

刺繍《ししゅう》を意味する字だった

絵（繪）

篆文

もとの字は繪。「糸」と、合わせる意の音を示す「會《カイ》」を合わせた字。様々な色の糸を合わせて模様を刺繍する意。後に刺繍に限らず描いた模様の意になった。

糸がぬれていること

納

篆文

「糸」と、ぬれる意の音を示す「内《ダイ→ノウ》」を合わせた字。糸がぬれている意。物をおさめる意の内《ダイ》と音が近いことから借用されて「おさめる」意になった。

口をくくった袋の形だった

東

甲骨

底のない袋に物を入れて両端をたばねた形の象形字。袋の意。太陽がのぼる意の登《トウ》と音が同じことから、太陽がのぼる方角、「ひがし」の意に借用された。

いつも変わらない?

常

教育漢字

音 ジョウ
訓 つね・とこ

平常　日常　常夏

ジャイアント?

巨

常用漢字

音 キョ
訓 ―

巨人　巨体　巨万

エンペラー?

帝

常用漢字

音 テイ
訓 ―

天帝　帝王　帝国

祖先が同じグループ?

族

教育漢字

音 ゾク
訓 ―

家族　民族　皇族

キング?

王

教育漢字

音 オウ
訓 ―

国王　王子　王国

天皇のこと?

皇

教育漢字

音 オウ
訓 ―

皇帝　法皇　皇后

旗の長い布を表す字だった

常

篆文

布を表す「巾」と、長い意の音を示す「尚《ショウ→ジョウ》」（↑長《チョウ》）を合わせた字。旗として使う長い布の意。後に布の意が消え、時間が長くつづく、「恒常」の意になった。

斧《おの》の柄《え》をさしこむ穴のこと

巨

金文

斧の柄をさしこむ長方形の穴の象形字。大きい意の鉅《キョ》や胡《コ》と音が同じか近いために「巨大」の意に借用された。持ち手のついた定規の象形字と解す説もある。

大きな机（祭壇）だった

帝

甲骨

天の神をまつるときに建てた捧げものをのせるための大きな机（祭壇）の象形字。延長されて、まつられる対象の天の神、さらに「みかど」の意になった。

矢じりのことだった

族

甲骨

「矢」と、先端が尖っている意の音を示す「㫃《エン→ゾク》」（↑尖《セン》）を合わせた字。矢じりの意。つながる意の属《ゾク》や続《ゾク》と同音のため「つながるなかま」の意になった。

大きな斧の形

王

金文

大きな斧の形を描いた象形字。大斧は権力を表すことから、それを保持する人を王と呼ぶようになった。玉の字と違い、三本の横画は等間隔ではなかった。

大きな仮面のかぶりもの

皇

金文

魌頭《きとう》という神の仮面の大きなかぶりものが台にのっている形の象形字。大きな魌頭の意。後に、大きな魌頭をかぶる人、つまり王を指すようになった。

おしなべて一般的？

常用漢字

凡

音 ボン・ハン

訓 ―

平凡　凡人　凡例

準ずる感じ？

常用漢字

亜

音 ア

訓 ―

亜流　亜種　亜熱帯

必要以上にある？

教育漢字

余

音 ヨ

訓 あまる

余分　余力　余剰

パブリック？

教育漢字

公

音 コウ

訓 おおやけ

公園　公開　公共

シックス？

教育漢字

六

音 ロク（・リク）

訓 む・むつ・むい

六法　六腑　六書

パーフェクト？

教育漢字

完

音 カン

訓 ―

完全　完備　完璧

水を受ける皿の形

凡

甲骨

水を受ける皿(盤)の形を描いた象形字。ひろく行き渡る意の普《フ》と音が近いため「およそ」「すべて」の意に借用された。布が風をはらんだ形と解す説もある。

竪穴式住居の地下室だった

亜(亞)

甲骨

もとの字は亞。昔の竪穴式住居の地下室を上から見た形の象形字。地下の部屋は入り組んでいてつぎつぎに現れることから、延長されて「つぐ」意になった。

食べものが豊富にあること

余(餘)

篆文

もとの字は餘。食べものの「飠《しょく》」と、満ちている意の音を示す「余《ヨ》」を合わせた字。食べものがたっぷりある意。延長されて「あまる」意になった。

囲いをあけて開く様子

公

金文

囲む意の「口」(厶は誤った形)と、開く意の「八」を合わせた字。囲いをあけて開く意。誰でも出入りできる開かれた場所から「おおやけ」の意になった。

家屋の入口を表す字だった

六

甲骨

家屋の入口の形を描いた象形字。昔は六の数を握りこぶしで表したが、この意の握《アク》と音が近く、形も(家屋の屋と)近いために借用されて数詞の六になった。

家の周囲に設けた垣根

完

篆文

家を表す「宀」と、垣根の意の音を示す「元《ガン→カン》」(←垣《カン》)を合わせた字。家の周りに設けた垣根の意。垣をぐるりと途切れず設けることから「完全」の意になった。

ある基準に沿った並び？

序

教育漢字

音　ジョ

訓　—

順序　序列　秩序

一番下の部分？

底

教育漢字

音　テイ

訓　そこ

底辺　地底　谷底

すたれてダメになる？

廃

常用漢字

音　ハイ

訓　すたれる

廃屋　廃墟　荒廃

ある方角に動く感じ？

向

教育漢字

音　コウ

訓　むかう

方向　傾向　風向

限られた区域？

圏

常用漢字

音　ケン

訓　—

圏外　大気圏　首都圏

つきしたがう？

就

教育漢字

音　シュウ・ジュ

訓　つく

就職　就任　就寝

壁だけで部屋のない家

序 篆文 

家を表す「广」と、壁の意の音を示す「予《ヨ→ジョ》」を合わせた字。四方の壁だけあって部屋がない家の意。順番の意の叙《ジョ》と音が同じため「順序」の意に借用された。

山のふもとの家のこと

底 篆文 

家を表す「广」と、山のふもとの意の音を示す「氏《テイ》」を合わせた字。山の下の家の意。延長されて「下部」の意に。底の字の根底には山の下の家の意があるのだ。

人が住まなくなった家

廃（廢） 篆文 

もとの字は廢。家を表す「广」と、休止する意の音を示す「發《ハツ→ハイ》」を合わせた字。人が住むことを休止した家の意。後に延長されて「すたれる」意になった。

家の北側の窓

向 甲骨 

家の北側にある換気用の窓を描いた象形字。家の窓の意。食べものを間に人と人が向かい合う意の卿《キョウ》と音が近いことから借用されて「むかう」意になった。

郷 p.126 ◀

四方を囲んだ檻《おり》だった

圏（圈） 篆文 

囲いを表す「囗」と、さえぎってふさぐ意の音を示す「巻《ケン》」（←閑《カン》）を合わせた字。四方を囲んで獣を閉じ込める檻の意。「限られた区域」の意に延長された。

丘の上の家に住むこと

就 篆文 

高い丘を表す「京」と、座につく意の音を示す「尤《ユウ→シュウ》」（←即《ソク》）を合わせた字。高い丘の家に住みつく意。住みつくことから延長されてただ「つく」意になった。

読めますか？ちょっと気になる部首の名前［その三］

コラム

儿

例 兄 元 児

卩

例 印 即 危

匚

例 匠 匡《キョウ》 匣《コウ》

勹

例 勾 勺《シャク》 匂

冂

例 冊 再 冑《チュウ》

凵

例 凶 凹 出

乚

例 乳 乱 九

几

例 凡 処 凱

弋

例 式 弐

夂

例 夏 変

ひとあし 儿

人が歩いている形。「イ」や「へ」と同様、人に関わることを表す。別名、にんにょう(人繞)。英語ではLegs。

ふしづくり 卩

「節」の旁《つくり》の意。人がひざまずく形。「㔾」の形もある。割り符に似ることから、まげわりふともいう。英語ではSeal。

はこがまえ 匚

容器の形。入れ物に関わることを表す。英語ではRight Open Box。「匿」や「医」のかくしがまえ(匸)とは微妙に違う。

つつみがまえ 勹

「包」の構え。人が体を曲げて物を抱える意を表す。英語ではWrap。「勹」を含む「句」は口部に置くのが普通だ。

【部首こぼれ話】実は複雑な部首の分類

漢字をどの部首に分類するかは、実は字書によって違います。たとえば「円」は冂部に置くか、旧字（圓）の形から見て囗部に置くか。「巣」は木部か、川（巛）部か、ツ部か……。字書を引き比べると新たな発見があるかもしれません。

えんがまえ 冂

城郭の形で、郊外の地の意。「円」の構え。けいがまえ(冋)、まきがまえ(冂)、どうがまえ(同)とも。英語ではDown Box。

うけばこ 凵

口を大きく開けたふたのない入れ物の形を表した字。別名でかんにょう(函繞)、したばこともいう。英語ではOpen Box。

おつにょう 乚

先の曲がった小刀を表す「乙」（二番目の意）が旁の位置に置かれたときの形。別名、つりばり。英語ではSecond。

つくえ 几

物を載せる台の形。英語ではTable。別名、きにょう(几繞)。かぜがまえともいうが、「風」は部首字になっている。

しきがまえ 弋

「式」のかまえ。二股の棒の形で、棒に関わる字を作る。いぐるみ(鳥をくるんで落とす仕掛け)とも。英語ではShoot。

すいにょう 夊

人の両足の形。本来は「夂」と書き、「夊」(ふゆがしら)とは別物だが、常用漢字では同形に。英語ではGo Slowly。

第八章

実は動植物から生まれた漢字

欲しいと望むこと?

求

教育漢字

音 キュウ

訓 もとめる

求愛

求人

探求

実は動植物から生まれた漢字

イヌやサルなどの哺乳類から、
ニワトリやフクロウなどの鳥類、
サソリやヘビのような爬虫類、
そして芋や稲や梅などの植物まで、
生物を見るとつい漢字を
作りたくなるのが
人間の性なのかも……。
そんな真実を全身でほのめかす
六三個の漢字たちを紹介します。

毛皮のコートを描いた字だった！

甲骨文は獣の毛皮でできた衣を、金文と古文は獣の毛皮をぶらさげる様子を描いた象形字。キュウの音は獣の皮の意味を示すヒから変化したもの。毛皮でできた衣に裘《キュウ》の字を使うようになった後、集めて収める意の逑《キュウ》と音が同じことから借用されて「もとめる」意になった。毛皮の衣が体から離れないよう腰でしめる姿の象形字と解す説もある。毛皮のコートを見て買い求めたくなるのは当然だった!?

ひとりぼっち？

独

教育漢字

音　ドク

訓　ひとり

単独
孤独
独身

掟を破って罪をおかす？

犯

教育漢字

音　ハン

訓　おかす

犯人
犯罪
共犯

なんらかの形のある存在？

物

教育漢字

音　ブツ・モツ

訓　もの

物体
事物
動物

スペシャル？

特

教育漢字

音　トク

訓　―

特別
特殊
独特

犬が組み合って一つになる様子

独（獨）

篆文

もとの字は獨。犬を表す「犭」と、一つ、または戦う意の音を示す「蜀《ショク→ドク》」（↑特《トク》・闘《トウ》）を合わせた字。二匹の犬が取っ組み合い一つになる意。延長されて「単独」の意になった。

犬が人に害を与えること

犯

篆文

犬を表す「犭」と、害する意の音を示す「㔾《ハン》」（↑干《カン》）を合わせた字。犬が人にかみついて害する意。後に犬の意が消え「人を害する」意に。防犯の基本は犬に備えること。

色が混じった牛のこと

物

甲骨

篆文

「牛」と、様々な色が混じる意の音を示す「勿《フツ→ブツ》」（↑雑《ザツ》）を合わせた字。色が混じった牛の意。様々な色や形を持つ「もの」の意に延長された。犂《すき》で耕す意と解す説もある。

オスの牛を表す字だった

特

篆文

「牛」と、未婚の成年男子の意の音を示す「寺《シ→トク》」（↑士《シ》）を合わせた字。オスの牛の意。独《ドク》と近音のために借用されて「ただひとつ」「特別」の意に。オスの牛こそ特別なのだ。

実行をためらう感じ？

猶

常用漢字

音　ユウ

訓　—

猶予

なしうる力があること？

能

教育漢字

音　ノウ

訓　—

能力　可能　万能

最後までやりとげる？

遂

常用漢字

音　スイ

訓　とげる

完遂　未遂　遂行

ふるい感じ？

旧

教育漢字

音　キュウ

訓　—

旧式　旧態　旧家

疑い深い猿のこと

猶

金文

篆文

獣を表す「犭」と、疑ってぐずぐずする意の音を示す「酋《シュウ→ユウ》」(↑猷《ユウ》)を合わせた字。疑い深くて人に寄りつこうとしない猿の意。猿の意が消えて「ためらう」意に延長された。

動物の熊を表す字だった

能

金文

篆文

獣の胴と前後の足を表す「比」と、漆黒の意の音を示す「㠯《エン→ノウ》」を合わせた字。漆黒の獣、熊の意。たえうる意の任《ジン》と近音のため「できる」意に借用され、後に熊の字ができた。

熊 p.190 ◀

豚が互いに押しのけ合って進む

遂(遂)

金文

篆文

もとの字は遂。前進する意の「辶」に、豚が互いに押しのける意の「㒸《スイ》」を合わせた字。豚が互いに押しのけ合い進む意。他を押しのけてでも進むことから「なしとげる」意に。

ふくろうのこと

旧(舊)

金文

篆文

もとの字は舊。頭に毛が立っている鳥を表す「雈」と、鳴き声を示す「臼《キュウ》」を合わせた字。夜にキュウキュウ鳴くふくろうの意。久《キュウ》と音が同じため「ふるい」意に借用された。

空気の移動？

風

教育漢字

音　フウ・フ

訓　かぜ・かざ

風力　暴風　風車

千の十倍？

万

教育漢字

音　マン・バン

訓　—

十万　巨万　万事

同種の仲間であること？

類

教育漢字

音　ルイ（・ライ）

訓　—

種類　人類　同類

入れ物？

器

教育漢字

音　キ

訓　うつわ

容器　食器　器具

鳳凰《ほうおう》のことだった

風

甲骨  篆文 

鳥の形の「」と、大きい意の音を示す「《ハン↓フウ》」(凡)を合わせた字。大きな鳥、鳳凰の意。鳳凰はかぜの神とされたため「かぜ」の意に借用された。後に「鳥」が「虫」に変わった。

毒針で刺すサソリの姿

万（萬）

甲骨  金文 

もとの字は萬。サソリの姿を描いた象形字。「」が表すのは尾の毒針。後にバンの音が借用されて数の名になった。現在の万の字は水面に水草が浮かんでいる形の象形だ。

狸に似た動物のこと

類（類）

篆文 

もとの字は類。獣を表す「犬」と、狸の意の音を示す「頪《ライ↓ルイ》」(↑狸《リ》)を合わせた字。狸に似た獣の意。似ていて見分けがつかないことから「同じ仲間」の意に延長された。

犬が口を開けて呼吸する

器（器）

金文  篆文 

もとの字は器。「犬」と、呼吸する意の音を示す「㗊《シュウ↓キ》」(↑気《キ》)を合わせた字。犬が口を開けハアハアと息をする意。口を開けて物を入れる「うつわ」の意に延長された。

できて間もない？

新

新年
最新
新鮮

教育漢字

音　シン
訓　あたらしい

人？

者

医者
読者
作者

教育漢字

音　シャ
訓　もの

表面を覆うかたいもの？

甲

甲殻
甲羅
甲板

常用漢字

音　コウ・カン
訓　―

アート？

芸

芸術
芸能
文芸

教育漢字

音　ゲイ
訓　―

斧《おの》で切りそろえた薪《たきぎ》

新

甲骨 

篆文 

「木」と、斧を表す「斤」と、切りそろえる意の音を示す「辛《シン》」（↑剪《セン》）を合わせた字。斧で切りそろえた薪の意。鮮《セン》と近音のため「あたらしい」意になり、後に薪の字ができた。

薪を集めて蓄えること

者（者）

金文 

篆文 

竹でできた容器を表す「」（箕《み》の略形）と、燃やすための薪を表す「」を合わせた字。薪を集めて入れものに蓄える意。後に「もの（人）」の意に借用された。

豆類が発芽する様子

甲

甲骨 

篆文 

種子の殻《から》が開いて芽が出る姿の象形字。豆類が発芽してまだ外皮をかぶった状態を表す。延長されて「かたい殻」「よろい」の意に。亀の甲羅の象形字と解す説もある。

草木を植える姿だった

芸（藝）

甲骨 

石鼓 

もとの字は藝。人がしゃがんで草木を植える姿の象形字。植えた草木を工夫して育てることから「習いおぼえた技能」の意に。「園芸」や「農芸」の語に本来の意が窺《うかが》える。

お仕事？

職

教育漢字

音　ショク

訓　―

職業　職場　職員

おのれ？　プライベート？

私

教育漢字

音　シ

訓　わたくし

私有　私用　公私

一分の六十分の一？

秒

教育漢字

音　ビョウ

訓　―

秒速　秒針　毎秒

書物のこと？

本

教育漢字

音　ホン

訓　もと

絵本　原本　製本

職

旗をつけて立てた木の枝のこと

古璽

篆文

枝を地面に立てる意の「戠」と、付ける意の音を示す「耳《ジ→ショク》」（↑属《ショク》）を合わせた字。地面に立てた枝に旗を付ける意。商人が旗を立てて目印にして働いたために「仕事」の意に。

私

自分のものにした稲のことだった

篆文

稲を表す「禾」と、囲い込んで我がものにする意の音を示す「口《イ→シ》」（厶は変わった形）を合わせた字。自分のものにした稲の意。後に稲の意が消えて「おのれ」の意になった。

秒

稲の先端の細く尖った部分

篆文

稲を表す「禾」と、細い意の音を示す「少《ショウ→ビョウ》」（↑細《サイ》）を合わせた字。稲の先端の細く尖った所の意。微細な幅しかないことから延長されて「わずかな時」の意になった。

本

木の根もとのこと

金文

篆文

「木」の下に「一」を足して木の根もと部分を示した字。金文は木の幹と根の形の象形字。木の根もとの意。もとになる大事なものということから「書物」の意も生じた。

抜きん出て優れること？

常用漢字

逸

音　イツ
訓　―

逸品　逸材　秀逸

空間的に隔たっていること？

常用漢字

距

音　キョ
訓　―

距離　測距　距爪《きょそう》

力強い感じ？

常用漢字

豪

音　ゴウ(・コウ)
訓　―

豪快　豪傑　豪放

ビューティフル？

教育漢字

美

音　ビ
訓　うつくしい

美人　美貌　美形

バッドなスメル？

常用漢字

臭

音　シュウ
訓　くさい

臭気　悪臭　体臭

二つに分けた片方？

教育漢字

半

音　ハン
訓　なかば

半分　前半　半減

ウサギがすり抜けて走り去る

逸（逸）

篆文 

もとの字は逸。道を行く意の「辶」と、ウサギの「兔」を合わせた字。ウサギがさっとすり抜けて走り去る意。「のがれる」「抜け出る」意に延長された。

ニワトリの蹴《け》爪《づめ》のこと

距

篆文 

「足」と、先が尖った爪の意の音を示す「巨《キョ》」を合わせた字。槍《やり》のように尖った鶏の蹴爪の意。蹴爪で敵を蹴って遠ざけることから「へだてる」意になった。

ヤマアラシのことだった

豪

篆文 

イノシシを表す「豕」と、かたい鬣《たてがみ》の意の音を示す「高《コウ》」（亠）（↑剛《コウ》）を合わせた字。剛毛の鬣を持つ獣、ヤマアラシの意。延長されて「つよい」意になった。

よく太った羊の意味だった

美

甲骨 

「羊」と「大」を合わせた字。大きくてよく太った羊の意。肥えた羊は味も見た目も望ましいことから「りっぱな」「うつくしい」意に。美は太った羊に宿る。

犬が鼻をくんくんさせる

臭（臭）

甲骨 

もとの字は臭。鼻の形の「自」と、「犬」を合わせた字。犬が鼻でにおいをかぐことから「におい」の意になり、後にもっぱら「くさい」意になった。

牛の体を二つに切ること

半（半）

金文 

もとの字は半。「牛」と、左右に分ける意とその音を示す「八《ハツ→ハン》」を合わせた字。牛の体を二つに切り分ける意。延長されてただ「二つに分ける」意になった。

リターン？

戻

常用漢字

音 レイ

訓 もどる

返戻《へんれい》　払い戻し

ぐったりする？

弊

常用漢字

音 ヘイ

訓 ―

疲弊　弊害　語弊

大きな音？

号

教育漢字

音 ゴウ

訓 ―

号泣　号令　号砲

一定の場所に据える？

置

教育漢字

音 チ

訓 おく

安置　位置　放置

心がふるい立つ？

奮

教育漢字

音 フン

訓 ふるう

奮起　奮発　興奮

その次の？

翌

教育漢字

音 ヨク

訓 ―

翌日　翌週　翌年

犬が背を曲げて戸をくぐる

戻（戾）

篆文

もとの字は戾。「犬」と「戸」を合わせた字。犬が戸の下をくぐり抜けようと背を曲げる意。くぐり抜ければ背がもと通りになることから「もどる」意になった。

犬が疲れて倒れること

弊（獘）

篆文

もとの字は獘。「犬」と、ひっくりかえる意の音を示す「敝《ヘイ》」を合わせた字。犬が疲れてひっくりかえる意。後に犬の意が消えて「くたびれる」意に延長された。

虎が吠えること

号（號）

篆文

もとの字は號。「虎」と、高い声をあげる意の音を示す「号《コウ→ゴウ》」を合わせた字。虎が吠える意。延長されて「大声で叫ぶ」意に。号泣が一番似合う獣は、虎だ。

鳥を捕獲する網をたてる

置

篆文

網を表す「网」（罒は略形）と、たてる意の音を示す「直《チョク→チ》」を合わせた字。鳥捕獲用の網をたてる意。たててそのままにしておくことから「おく」意になった。

鳥が田んぼで飛び立つ

奮

金文

「」と、鳥がはばたく意の「」を合わせた字。田の中で鳥が飛び立つ意。延長されて人が「ふるい立つ」意に。奮起したい人は田んぼの鳥を見に行こう。

鳥が飛ぶ意

翌

篆文

「羽」と、飛ぶ意の音を示す「立《リュウ→ヨク》」を合わせた字。鳥が羽をたてて空を飛ぶ意。あくる日の意の昱《ヨク》と音が同じことから借用されて「その次」の意になった。

ふたつ？

常用漢字

双

音　ソウ

訓　ふた

双子　双方　双璧

うまくあやつる？

常用漢字

御

音　ギョ・ゴ

訓　おん

統御　制御　御者

十二支の五番目？

人名漢字

辰

音　シン

名　たつ・のぶ

北辰　戊《ぼ》辰《しん》　辰年

中原中也とか？

人名漢字

也

音　ヤ

名　なり

野村克也　自来也　空也

ストロング？

教育漢字

強

音　キョウ・ゴウ

訓　つよい　しいる

強弱　列強　強力

節足動物？

教育漢字

虫

音　チュウ（・キ）

訓　むし

甲虫　害虫　昆虫

二羽の鳥を手に持つこと

双（雙）

篆文

もとの字は雙。手を表す「又」と、ひとつがいの鳥を表す「雔」を合わせた字。二羽の鳥を手に持つ意。延長されて「ふたつ」「ならぶ」の意になった。

馬が道を歩く意味だった

御

金文

道を歩く意の「辵」と、馬を養う意の音を示す「卸《ゴ→ギョ》」を合わせた字。飼いならした馬が道を行く意。馬をならして動かすことから「あやつる」意に延長された。

ハマグリの肉がふるえる様子

辰

篆文

ハマグリの貝殻から肉が出てびらびらとふるえている形の象形字。後に十二支の五番目に借用されたが、それがなぜなのかはわからない（字源とは無関係）。

辱 p.20◀　農 p.174◀

ヘビの象形字だった

也

金文

ヘビの象形字。ヤの音はくねくねしている意を示す。邪《ヤ》と音が同じことから借用されて疑問の意に。断定の意に使うのも借用。女陰の象形字と解す説もある。

馬を刺す虫だった

強（强）

篆文

もとの字は强。「虫」と、刺す意の音を示す「弜《キョウ》」を合わせた字。馬にたかって刺す虫、馬蝿《うまばえ》の意。つよい意の彊《キョウ》と同音のために「つよい」意に借用された。

まむしを表す字だった

虫（蟲）

篆文

まむしの形の象形字。蛇の意。キの音はうねうねする体の意を示す。蛇より小さい昆虫などの節足動物を䖵《コン》、それより小さいものを蟲《チュウ》と呼ぶようになった。

書物を指す？

教育漢字

音　サツ・サク

訓　—

冊

冊子　別冊　分冊

おじいさん？

常用漢字

音　オウ

訓　—

翁

老翁　阿翁　漁翁

むずかしくない感じ？

教育漢字

音　エキ・イ

訓　やさしい

易

安易　簡易　容易

すすめる？

常用漢字

音　ショウ

訓　—

奨

奨励　推奨　奨学

形が整って美しい？

常用漢字

音　レイ

訓　うるわしい

麗

華麗　美麗　麗人

まじめで手厚い？

常用漢字

音　トク

訓　—

篤

篤学　篤厚　篤農

亀の甲羅を束ねたもの

冊

（册）

金文

もとの字は册。亀甲を束ねた姿の象形字。金文は複数の亀甲がひもで束ねられた様子を表している。後に竹や木の札を束ねたものも冊と呼ぶようになった。

鳥の首の羽毛のこと

翁

篆文

「羽」と、体の中央部にある首の意の「公《コウ→オウ》」を合わせた字。鳥の首すじにはえた羽毛の意。老《ロウ》と音が近いために借用されて「男の老人」の意になった。

トカゲの皮膚の色が変わること

易

金文

トカゲの形の「」と、光彩の意を表す「彡」を合わせた字。トカゲの皮膚の色が変わる意。色が変わりやすいことから「かわる」「やさしい」意になった。

犬をけしかける意味だった

奨

（奬）

篆文

もとの字は奬。「犬」と、けしかけるときの声の音を示す「將《ショウ》」を合わせた字。犬をけしかける意。延長されて「すすめる」「はげます」意になった。

鹿が群れをなして走る

麗

篆文

「鹿」と、群れる意の音を示す「丽《レイ》」（↑侶《リョ》）を合わせた字。エサを見つけた鹿が整然と群れをなして走る意。後に「ならぶ」意、「うるわしい」意に借用された。

馬が大地を踏みつけて歩く

篤

篆文

「馬」と、しっかり足を踏みつける意の「竹《チク→トク》」を合わせた字。馬が大地をしっかりと踏んで歩く意。厚い意の竺《トク》と音が同じために「手厚い」意に借用された。

いきおい？

教育漢字

勢

音　セイ
訓　いきおい

勢力　気勢　威勢

野菜などを作ること？

教育漢字

農

音　ノウ
訓　—

農業　農家　農園

すぐれている？

教育漢字

英

音　エイ
訓　—

英雄　英断　俊英

郊外の宿泊所？

常用漢字

荘

音　ソウ
訓　—

別荘　山荘　旅荘

役割をかねる？

常用漢字

兼

音　ケン
訓　かねる

兼用　兼任　兼業

シーズン？

教育漢字

季

音　キ
訓　—

四季　季節　夏季

農作業に力を尽くすこと

勢

篆文

「力」と、穀物を植える意の音を示す「埶《ゲイ→セイ》」を合わせた字。畑仕事に力を尽くす意。延長されて「活気」「いきおい」の意に。農業に注力すれば勢いが出るのだ。

草木を取り除くこと

農

甲骨

貝殻製の道具を表す「辰」と、草木を取る意味の音を示す「曲《トウ→ノウ》」を合わせた字。貝の鎌《かま》で田畑の草木を除く意。雑草を除いて「田畑を耕す」意に延長された。

辰 p.170 ◀

実がならない花だった

英

篆文

草木を表す「艹」と、花の意の音を示す「央《オウ→エイ》」(↑栄《エイ》)を合わせた字。花は咲くが実のつかぬ草花の意。実がならずただ「美しい」意、「すぐれる」意になった。

草が生えそろっている

荘 (莊)

篆文

もとの字は莊。草を表す「艹」と、きれいにそろう意の音を示す「壯《ソウ》」を合わせた字。草が生えそろう意。舎《シャ》と近音のため「宿泊所」の意に借用された。

二本の稲を手で持つ

兼

篆文

手を表す「彐」と、二本の稲を表す「秝」を合わせた字。二本の稲を手で合わせ持つ意。後に二本の稲の意が消えてただ「合わせ持つ」「かねる」意になった。

まだ小さい稲のこと

季

金文

稲を表す「禾」と、おさない意の音を示す「子《シ→キ》」(↑稚《チ》)を合わせた字。小さくおさない稲の意。気候の気《キ》と同音のために春夏秋冬の季の意に借用された。

赤ちゃんを子宮から出す？

教育漢字

産

音 サン

訓 うむ・うぶ

出産　産婦　安産

凹凸や傾斜がないこと？

教育漢字

平

音 ヘイ・ビョウ

訓 たいら・ひら

水平　平面　平等

父母のきょうだい？

常用漢字

叔

音 シュク

訓 ―

叔父　叔母

物の端っこ？

常用漢字

末

音 マツ・バツ

訓 すえ

末端　末梢　末尾

三六五日間のこと？

教育漢字

年

音 ネン

訓 とし

年月　年間　年齢

二つでひと組？

教育漢字

両

音 リョウ

訓 ―

両方　両親　両面

草木の芽が現れ出ること

産（產）

篆文

もとの字は產。草木の芽が伸びる意の「生」と、現れ出る意の音を示す「产《ゲン→サン》」（↑現《ゲン》）を合わせた字。草木の芽が現れ出る意。延長されて「うむ」意になった。

木の芽が伸びること

末

甲骨

木が枝を出して伸びる形の象形字。木の芽が伸び出る意。芽は木の先端にあることから「すえ」の意に。甲骨文では未《ミ》の字と同意だったが、後に区別された。

水草が水面に浮かぶ姿だった

平

甲骨

水面に浮かぶ水草の象形字。ヘイの音も水面に浮かぶ意を示す。水草が水にひらたく浮かんでいることから延長されて「ひらたい」「たいら」の意になった。

稲の穂がふくらんで実る意味

年（秊）

金文

もとの字は秊。稲の「禾」と、実る意の音を示す「人《ジン→ネン》」（↑妊《ジン・ニン》）を合わせた字。稲の穂が実る意。一年かけて稲が実ることから「とし」の意になった。

土中から芋を拾う様子だった

叔

金文

土の中から芋を拾う形の象形字。「又」は手、「尗」は地中の芋と地上の茎を表す。芋を何個もつづけて拾う意から延長されて血がつづいた親戚の意になった。

ひょうたんを二つに分けた形

両（兩）

金文

もとの字は兩。ひょうたんを半分に分けた形の象形字。左右の「入」は実の膜の形を表す。半分に分けることから延長されて「二つ」「ならぶ」意になった。

場所のこと？

教育漢字

所

音 ショ

訓 ところ

名所　住所　便所

やすらか&すこやか？

教育漢字

康

音 コウ

訓 —

健康　小康　安康

ときほぐす？

常用漢字

釈

音 シャク

訓 —

解釈　語釈　注釈

勢いが盛んになる？

教育漢字

栄

音 エイ

訓 さかえる　はえる

栄光　光栄　繁栄

冬と夏の間の季節？

教育漢字

春

音 シュン

訓 はる

春季　早春　陽春

物をしまっておく？

教育漢字

蔵

音 ゾウ（・ソウ）

訓 くら

土蔵　米蔵　蔵元

木を切るときの音だった

所

金文

斧《おの》を表す「斤」と、木を切る際のコツコツという音を示す「戸《コ→ショ》」を合わせた字。斧で木を切る音の意。處《ショ》（処）と音が同じことから「場所」の意になった。

実が抜けて空になった穀皮《ぬか》

康

甲骨

杵《きね》で穀物をつく形の「」と、穀皮が飛び散る様を表す「」を合わせた字。実が抜けて空《から》になった穀皮の意。穅《コウ》と同音のために「やすらか」の意になった。

種を分けてばらばらにする

釈（釋）

篆文

もとの字は釋。種をまく意の「釆」と分ける意の音を示す「睪《セキ→シャク》」を合わせた字。種を分けてばらばらにする意。延長されて「ときほぐす」意になった。

桐《きり》の木のことだった

栄（榮）

篆文

もとの字は榮。「木」と、軽い意の音を示す「《ケイ→エイ》」を合わせた字。軽い木、桐のこと。火がひかりかがやく意の熒《ケイ》と音が同じことから「さかえる」意に借用された。

桑の芽が出てくる日

春

甲骨

桑の芽を表す「」と、「日」を合わせた字。桑の芽が出てくる日の意。シュンの音は出る意の推《スイ》と関係がある。桑の芽が出る季節、「はる」の意に延長された。

草で覆ってかくすこと

蔵（藏）

篆文

もとの字は藏。草木を表す「艹」と、人目を避けて囲む意の音を示す「臧《ソウ》」を合わせた字。草で覆ってかくす意。延長されて「かくしておく所」の意になった。

第九章

実は自然現象に由来する漢字

こうあってほしいと願う？

望

教育漢字

音 ボウ・モウ

訓 のぞむ

希望

野望

望遠

実は自然現象に由来する漢字

演説の背景には川があり、
陶芸の背景には山があり、
普及の背景には太陽があり、
党の背景には黒雲がある……。
そんな森羅万象を漢字たちは
古来より表現してきました。
本章では自然環境や
自然現象に由来する
四三個の漢字を集めました。

十五夜の満月のことだった！

望

甲骨

金文

篆文

甲骨文の𦣠《ボウ》は、目を見張った形の「」（臣）と、人が背伸びをする形の「」（𡈼）を合わせた字で、人が背伸びをして遠くを見る意。金文の朢と篆文の望は、「月」と満つる意の音を示す「𦣠《ボウ》」・「𡈼《ボウ》」を合わせた字で、十五夜の満月の意。望は、遠くを見る意の𦣠と音が同じことから、後に「遠くを見る」意に借用された。また、そこから延長されて「願い」「のぞみ」の意でも使われた。

物事をはっきりさせる？

決

決定　決着　解決

教育漢字

音　ケツ

訓　きめる

わかりやすく説明する？

演

演説　講演　演義

教育漢字

音　エン

訓　―

全体に行き渡る感じ？

普

普及　普通　普遍

常用漢字

音　フ

訓　―

シャドウ？

影

陰影　影絵　日影

常用漢字

音　エイ

訓　かげ

川の堤防が崩れる意味だった

決

篆文

川を表す「氵」と、えぐられて崩れる意の音を示す「夬《カイ→ケツ》」(←壊《カイ》)を合わせた字。堤防がえぐられて崩れる意。抉《ケツ》と同音のため「きめる」意に。原義は「決壊」の語に窺《うかが》える。

延々と長くのびる川のこと

演

甲骨

篆文

川を表す「氵」と、のびる意味の音を示す「寅《イン→エン》」(←延《エン》)を合わせた字。延々と長くのびる川の意。後に川の意が消えてただ「のばす」「ひきのばして説明する」意になった。

太陽の光が薄くひろがる

普

篆文

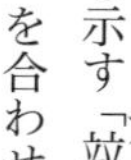

太陽を表す「日」と、薄い意の音を示す「竝《ヘイ→フ》」(並は変化した形)を合わせた字。太陽の光が薄くひろがる意。広くゆき渡る意の「溥《フ》」と同音のため「あまねく」の意になった。

明るい光の意味だった

影(景)

もとの字は景。太陽を表す「日」と、明るい意の音を示す「京《ケイ→エイ》」を合わせた字。明るい光の意。後に光に照らされる有様を「景」で、光で生じるかげを「影」で表した。

景 p.188 ◀

モーニング？

朝

朝日
朝方
明朝

教育漢字

音　チョウ
訓　あさ

ミックス？

混

混合
混血
混雑

教育漢字

音　コン
訓　まぜる・こむ

そばにつけ足す？

添

添付
添加
添乗

常用漢字

音　テン
訓　そえる

共通の利害で結ばれた仲間？

党

政党
与党
党首

教育漢字

音　トウ
訓　―

上げ潮を表す字だった

朝

金文 

古文 

川を表す「[illegible]」と、高くのぼる意の音を示す「𠦝《トウ→チョウ》」を合わせた字。川の水が高くのぼる上げ潮の意。上げ潮は一日の早い時間に起こることから「あさ」の意に借用された。

水が渦を巻きながらわき出ること

混

篆文 

水を表す「氵」と、回ってわき出る意の音を示す「昆《コン》」(↑滾《コン》)を合わせた字。水が渦を巻いてこんこんとわき出る意。掍《コン》と音が同じことから「まぜる」意に借用された。

水がたくさんあること

添(沾)

篆文 

もとの字は沾。水を表す「氵」と、増える意の音を示す「占《セン→テン》」(↑贍《セン》)を合わせた字。水が増えて十分にある意。十分に足りて余分にあることから「そえる」意になった。

太陽や月が雲に覆われて暗い様子

党(黨)

篆文 

もとの字は黨。「黒」と、覆う意の音を示す「尚《ショウ→トウ》」を合わせた字。太陽や月が黒い雲に覆われて暗い意。仲間の意の攩《トウ》と音が同じことから借用されて「仲間」の意になった。

そのとおりそのまま？

然

自然　天然　当然

教育漢字

音　ゼン・ネン

訓　—

光があってあかるい？

明

明暗　照明　鮮明

教育漢字

音　メイ・ミョウ・（ベイ）

訓　あかるい・あきらか・あける

クリスタル？

晶

水晶　結晶

常用漢字

音　ショウ（・セイ）

訓　—

いう？

云

云々《うんぬん》　云為《うんい》

人名漢字

音　ウン

訓　いう

火がもえあがる様子

然

篆文

火の「灬」と、炎の意の音を示す「肰《エン→ゼン》」を合わせた字。火がもえる意。後に「しかり」の意になったため、「火」をつけて「燃」ができた。犬の肉をあぶる意と解す説もある。

日光ではなく月光の意味だった

明（朙）

甲骨

金文

もとの字は朙。「月」と、光る意の音を示す「囧《ケイ→ベイ》」を合わせた字。輝く月の光の意。「囧」を窓と捉え月光が窓からさす意と解す説もある。とにかく太陽ではなく月の光だった。

三ツ星の形を表していた

晶

金文

篆文

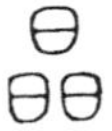

星が三つ並ぶ姿を描いた象形字。星（曐）の原始形。セイの音は清明な光の意を示す。清らかな光を放つ星の意。延長されて「清明」の意、さらに鉱物の形の名にもなった。

入道雲のことだった

云（雲）

古文

入道雲の象形字。雲の原字。ウンの音はむくむくと回り動く意を示す。述べる意の謂《イ》と音が近いことから「いう」意に借用されたため、「雨」をつけて「雲」ができた。

眺め？

景

教育漢字

音 ケイ

訓 —

風景　光景　景色《けしき》

目指す対象？

的

教育漢字

音 テキ

訓 まと

標的　射的　目的

ぶあつい感じ？

厚

教育漢字

音 コウ

訓 あつい

濃厚　重厚　厚紙

草が生えた平らで広い土地？

原

教育漢字

音 ゲン

訓 はら

原野　高原　野原

髪を剃った僧侶？

坊

常用漢字

音 ボウ・ボッ

訓 —

坊主　宿坊　坊間

わだかまりがない感じ？

朗

教育漢字

音 ロウ

訓 ほがらか

明朗　晴朗　朗報

明るい日の光のこと①

景

篆文

太陽を表す「日」と、明るい光の意の音を示す「京《ケイ》」を合わせた字。明るい日光の意。光が照らした「眺め」の意に延長され、日陰の意にもなった。影の原字。

影 p.182 ◀

明るい日の光のこと②

的

(旳)

篆文

もとの字は旳。太陽の「日」と、明るい意の音を示す「勺《シャク→テキ》」を合わせた字。明るい日光の意。延長されて「たしか」の意に。後にまとの意の鵠《コク》に借用された。

岩が高層に重なる様子

厚

金文

岩を表す「厂」と、重なる意の音を示す「㫗《コウ》」を合わせた字。岩山がぶあつく高層に重なる意。後に岩の意が消えてただ「あつい」意になった。

水がわき出る岩穴のこと

原

金文

岩の下から水がわき出る様子を描いた象形字。水がわき出る元であることから源《みなもと》の意に。野原の意の邍《ゲン》と音が同じことから「たいらで広い土地」の意になった。

川の両側の堤防のこと

坊

篆文

「土」と、左右両側の意の音を示す「方《ホウ→ボウ》」(←傍《ホウ》)を合わせた字(もとは防と同字)。川の両側の堤防の意。後に区切った「まち」や「僧の住居」の意になった。

月の光が明るいこと

朗

篆文

「月」と、明らかの意の音を示す「良《リョウ→ロウ》」(←亮《リョウ》)を合わせた字。月の光が明らかできれいである意。延長されて「明らか」「ほがらか」の意になった。

垂

力なく下がる？

教育漢字

音 スイ

訓 たれる

垂涎《すいせん》　垂直　懸垂

堪

たえてこらえる？

常用漢字

音 カン（・タン）

訓 たえる

堪忍　堪能

密

ぎっしり＆ひそか？

教育漢字

音 ミツ（・ビツ）

訓 ―

密林　密集　秘密

附

くっつく？

常用漢字

音 フ

訓 ―

附随　附録　附属

陶

焼き物？

常用漢字

音 トウ

訓 ―

陶器　陶芸　陶工

熊

プーさんとかテディベアとか？

常用漢字

音 （ユウ）

訓 くま

白熊　穴熊　熊手

最果ての土地

垂

篆文

「土」と、たれさがる意の音を示す「𠂹《スイ》」を合わせた字。天が四方にたれる最果ての土地の意。後にただ「たれる」意に。植物の枝葉の象形と解す説もある。

高く盛り上がった土地

堪

篆文

「土」と、盛り上がる意の音を示す「甚《ジン→カン》」（↑妊《ジン》）を合わせた字。高く盛り上がった土地の意。たえる意の勘《カン》と音が同じことから「たえる」意に借用された。

山々が隙間なく並ぶ様子

密

篆文

「山」と、隙間なく並ぶ意の音を示す「宓《ヒツ→ビツ》」を合わせた字。山々がぎっしり並んでいる意。奥深い山には何も現れないことから「ひそか」の意にもなった。

山の側面の小高い丘

附

篆文

山の側面を表す「阝」と、むっくり高くなる意の音を示す「付《フ》」を合わせた字。山の側面の小高い丘の意。付《フ》と同音のため「つく」「つける」意に借用された。

二重になった山

陶

篆文

山や丘を表す「阝」と、高さが二重の意の音を示す「匋《トウ》」（↑双《ソウ》）を合わせた字。二重になった山の意。焼き物の意の匋《トウ》と同音のため「焼き物」の意になった。

火の光が盛んなこと

熊

篆文

火を表す「灬」と、火の光が盛んの意の音を示す「能《エン→ユウ》」（↑炎《エン》）を合わせた字。火の光が盛んの意。熊だった意の能《ユウ》と音が同じために「熊」の意に借用された。

能 p.158 ◀

現にある&いる？

教育漢字

存

音　ソン・ゾン

訓　―

存在　存続　共存

現にある&いる？

教育漢字

在

音　ザイ

訓　ある

存在　現在　在宅

船が停泊できる場所？

教育漢字

港

音　コウ

訓　みなと

港湾　漁港　出港

何かを書いた紙片や札？

教育漢字

票

音　ヒョウ

訓　―

伝票　票決　投票

ドライ？

常用漢字

乾

音　カン

訓　かわく

乾燥　乾物　乾季

エイト？

教育漢字

八

音　ハチ（・ハツ）

訓　や・やっつ　よう

八方　八卦　八重

土がつもって川を塞《ふさ》ぐ①

存

篆文

土が川を塞ぐ形の「才」(𠂇)と、高くつもる意の音を示す「子《シ↓ソン》」(↑積《シ》)を合わせた字。土がつもり川を塞ぐ意。つもった土が動かないことから「ある」意に。

土がつもって川を塞《ふさ》ぐ②

在

金文

川を塞ぐ意と音を示す「才《サイ↓ザイ》」()(↑塞《ソク》)と、「土」を合わせた字。土がつもり川を塞ぐ意。つもった土が動かないことから「ある」意に延長された。

川の支流のことだった

港

篆文

水を表す「氵」と、小さな道の意の音を示す「巷《ケイ↓コウ》」(↑径《ケイ》)を合わせた字。大きな川から分かれた支流の意。湊《ソウ》と近音のため「みなと」の意に借用された。

火の粉がまいあがる様子

票

篆文

「火」(示は誤った形)と、とびあがる意の音を示す「《フウ↓ヒョウ》」を合わせた字。火の粉がまいあがる意。標《ヒョウ》と音が同じために「紙片」「書きつけ」の意に借用された。

曲がった物が張って堅くなる

乾

篆文

曲がった物を表す「乙」と、堅くなる意の音を示す「倝《カン》」を合わせた字。曲がった物が張って堅くなる意。照る意の倝《カン》と同音のため「かわく」意に借用された。

左と右に反発すること

八

甲骨

左と右にそむきあって分かれている形を示す字。相反発する意。親指と小指を反発させて八の数を示した撥《ハツ》と音が同じために借用されて八の数詞になった。

落ちぶれる感じ？

常用漢字

堕

音 ダ（・タ）
訓 ―

堕落　堕胎　堕罪

間違いない？

教育漢字

確

音 カク
訓 たしか

確実　正確　確認

暗くて奥深い感じ？

常用漢字

幽

音 ユウ
訓 ―

幽玄　幽居　幽霊

ようす？

常用漢字

況

音 キョウ
訓 ―

不況　実況　状況

しとやかな女性のこと？

常用漢字

淑

音 シュク
訓 ―

淑女　貞淑　淑徳

こってりしている？

常用漢字

濃

音 ノウ
訓 こい

濃厚　濃密　濃縮

土がくずれ落ちる様子

堕（墮）

篆文

もとの字は墮。「土」と、くだけ落ちる意の音を示す「隋《タ》」を合わせた字。土がくだけ落ちる意。後に土の意が消えてただ「おちる」「くずれる」意になった。

固い石のこと

確

篆文

「石」と、固い意の音を示す「隺《カク》」（↑固《コ》）を合わせた字。固い石の意。石の意が消えてただ「固い」意になった。「確固」で、しっかりして動かない意となる。

炎の先がはっきりしない

幽

甲骨

火を表す「山」と、黒くはっきりしない意の音を示す「𢆶《ユウ》」を合わせた字。炎の先が煙で黒くはっきりしない意。「かすか」「深い」「暗い」の意に延長された。

冷たい水の意味だった

況

篆文

水を表す「氵」と、冷たい意の音を示す「兄《キョウ》」（↑涼《リョウ》）を合わせた字。冷たい水の意。ありさまの意の様《ヨウ》と近音のために「ようす」の意に借用された。

水が澄んで清らかなこと

淑

篆文

水を表す「氵」と、濁りがない意の音を示す「叔《シュク》」（↑清《セイ》）を合わせた字。水が澄んで清らかな意。水の清らかさから、人が「しとやか」の意に借用された。

雨露が多いことだった

濃

篆文

水を表す「氵」と、多い意の音を示す「農《ドウ→ノウ》」を合わせた字。雨露が多い意。後に雨露の意が消えて「多い」意に。さらに延長されて「厚い」「こい」意になった。

役に立つこと？

益

教育漢字

音 エキ・ヤク

訓 ―

国益　有益　御利益

つつしむ感じ？

粛

常用漢字

音 シュク

訓 ―

自粛　粛正　厳粛

動きや物音がないこと？

静

教育漢字

音 セイ・ジョウ

訓 しずか

静寂　静止　静脈

旅館などで寝ること？

泊

常用漢字

音 ハク

訓 とまる

宿泊　外泊　漂泊

生きること？

活

教育漢字

音 カツ

訓 ―

生活　活力　活動

地球の陸以外の部分？

海

教育漢字

音 カイ

訓 うみ

大海　深海　海水

皿の上に水があふれること

益

（益）

篆文

もとの字は益。水が皿からあふれ出ている形の象形字。水があふれる意。あふれるほど多いことから「ふえる」意に。また「役に立つ」意にもなった。

川の淵《ふち》の水が青黒く澄むこと

粛

（肅）

金文

もとの字は肅。淵を表す「𣶒」と、青黒い意の音を示す「聿《ジョウ→シュク》」を合わせた字。深い淵が青黒く澄む意。心おののく意の⿰忄肅《ショウ》に借用されて「つつしむ」意になった。

美しい青色のことだった

静

（靜）

金文

もとの字は靜。「青」と、美しい意の音を示す「争《ソウ→セイ》」を合わせた字。美しい青色の意。やすらかの意の竫《セイ》と同音のため「やすらか」「しずか」の意に借用された。

水が浅い所の意味だった

泊

篆文

水を表す「氵」と、浅い意の音を示す「白《ハク》」（↑薄《ハク》）を合わせた字。水が浅い所の意。船をとめるのは浅瀬《あさせ》であるため「とめる所」、また「とまる」意になった。

水が勢いよく動く様子

活

篆文

水を表す「氵」と、勢いよく動く意の音を示す「舌《カツ》」を合わせた字。水が盛んに勢いよく動いて流れる意。勢いよく動くことから生物が「いきる」意になった。

アルカリ性の水だった

海

（海）

金文

もとの字は海。水を表す「氵」と、灰汁《あく》の意の音を示す「毎《マイ→カイ》」（↑灰《カイ》）を合わせた字。灰汁などのアルカリ性の水の意。深く見える水の意と解す説もある。

コラム

読めますか？ ちょっと気になる部首の名前［その四］

冫

例 冷 凍 冴《コ》

尸

例 尿 屈 尾

攴

例 改 攻 敲《コウ》

⺌

例 当 尚

罒

例 罪 署 羅

歹

例 死 残 殊

⻏

例 郡 部 都

旡

例 既

艮

例 良 艱《カン》

頁

例 頂 項 順

にすい　冫

水が凍った様子を表す、「氷」の原字。英語では Ice。本来、にすいの「二」は「次」の偏である（ただし「次」は欠部に属する）。

しかばね　尸

人が死んで横たわっている形。人体の部分に関する字に使われることが多い。かたしろ、かばねとも。英語では Corpse。

ぼくにょう　攴

手に棒を持って打つ形。「攵」は省略形。攻撃や強制に関する字を作る。とまた、ぼくづくり、しぶんとも。英語では Rap。

しょうがしら　⺌

「小」が冠の位置に入るときの形。「尖」など「小」のままのものもある。なおがしら（尚）とも。英語では Small。

［部首こぼれ話］部首は昔、五四〇個もあった！

漢字研究の聖典とされる最古の字書『説文解字』は、五四〇もの部首を採用していました。索引として使うには多すぎたため、清代の『康熙字典』では二一四部に削減され、多くの字書がそれを踏襲して今に至っています。

あみがしら　罒

鳥などを捕るあみの形。「网」や「㓁」や「罒」や「⺳」も同じもの。よこめ（目）、よんがしら（四）ともいう。英語では Net。

いちたへん　歹

「一夕偏」。バラバラの骨の形で、骨や死に関係する字を作る。かばねへん、しにがまえ、がつへんともいう。英語では Death。

おおざと　阝

村里の意の「邑」が変わった形。英語では City。同じ「阝」が偏にきた場合はこざとへんと呼び、小丘（阜）の意を表す。

むにょう　无

もとは食物を十分食べ終えて顔を背ける姿を描く字。「無」と同意のため、こう呼ばれる。すでのつくりともいう。英語では Not。

こんづくり　艮

「根」の旁《つくり》。ねづくりともいう。もとはそむく意を表すが、意符として使われることは少ない。英語では Stopping。

おおがい　頁

「貝」と比較した呼び方。人の頭や顔に関する字を作る。紙を数える数量詞「葉」の俗字であることから、英語では Leaf。

第十章

まだまだある実は意外な意味の漢字

ジェネレーション？ ワールド？

世

教育漢字

音 セイ・セ
訓 よ

世代
世紀
世界

まだまだある
実は意外な
意味の漢字

WORLDと三十、ALLと美玉、
USEと牧場の垣根、
HAPPYと手《て》枷《かせ》、
BROTHERと大口……。
英単語では醸し出せない
漢字の世界の奥深さを
文字通り伝えてくれるのは、
本章に登場する
その他三七個の漢字たちです。

十が三つで三十の意味だった！

「十」を三つ横に並べて書き、下端を横にのばしてできた字。「三十」の意を表す。家督を継いでから子に引き継がれるまでの期間が約三十年であることから、「世代」の意になり、さらに「世の中」の意となった。世の異体字としては丗や卋があり、これらはいまも「三十」の意で使われている。なお、同様のなりたちでできた字として、「二十」の意で使われる廿や卄、「四十」の意で使われる卌がある。

すべてにわたる様子？

全

教育漢字

音　ゼン

訓　まったく　すべて

完全　全部　万全

使う？

用

教育漢字

音　ヨウ

訓　もちいる

使用　利用　借用

わかるように見せる？

示

教育漢字

音　シ・ジ

訓　しめす

表示　掲示　展示

物の表に向いた側？

外

教育漢字

音　ガイ・ゲ

訓　そと・ほか　はずす

外部　外面　外見

美しい玉のことだった

全

（仝）

篆文

古文

もとの字は仝。玉を表す「王」（工）と、美しい意の音を示す「入《ニュウ→ゼン》」を合わせた字。美しい玉の意。何もかも整っていることから、後に「すべて」「完全」の意に延長された。

牧場の垣根を表す字だった

用

金文

篆文

牧場の木の垣根の象形字。ヨウの音はかこむ意の囲《イ》と関係がある。もちいる意の以《イ》と音が近いために借用されて「もちいる」意に。垣根の中で育てた動物は犠牲にもちいた。

以 p.116 ◀

犠牲を神に捧げる台

示

甲骨

金文

神に捧げるいけにえを台（丅）に置いてお清めの酒をそそいでいる姿を描いた象形字。奉られた神がお告げを人にしめすことから延長されて「しめす」意になった。

亀甲にできる占いのひびわれ

外

金文

篆文

占いの意の「卜」と、欠ける意の音を示す「月《ケツ→ガイ》」（夕は変わった形）（↑缺《ケツ》）を合わせた字。亀卜《きぼく》で亀甲に欠けが生じる意。甲羅の表面にひびが入ることから「そと」の意になった。

節操が堅く正しい？

貞

貞淑
貞節
童貞

常用漢字

音　テイ

訓　—

いっしょになる？

合

合計
合流
結合

教育漢字

音　ゴウ・ガッ・カッ

訓　あう

古代中国の地名？

呉

呉音
呉越同舟
呉服

常用漢字

音　ゴ

訓　—

ヤング？

若

若年
老若
若者

教育漢字

音　ジャク・ニャク

訓　わかい
もしくは

占いで神の意志を問うこと

貞

甲骨 

金文 

占いの意の「卜」と、神の意志を問う意の音を示す「鼎《テイ》」(貝は変わった形)(↑請《セイ》)を合わせた字。亀卜で神の意志を問う意。正《セイ》と近音のため「ただしい」意に借用された。

相手のことばに返答すること

合

甲骨 

金文 

「口」と、こたえる意の音を示す「亼《シュウ↓トウ》」(↑答《トウ》)を合わせた字。相手にこたえる意。延長されて「あわせる」「あう」意になった。器の口を蓋で閉じる意と解す説もある。

ことばが正しくないということだった

呉(吳)

甲骨 

金文 

もとの字は吳。「口」と、かたむく意を表す「夨」を合わせた字。口から出ることばが正しくない意。後に地名や国名に使われたので、正しくない意には誤《ゴ》の字が使われた。

口に出して素直に相手に従うこと

若

甲骨 

金文 

ことばを表す「口」と、従う意の音を示す「芏《ジャク》」(↑柔《ジュウ》)を合わせた字。ことばで従順なことをいう意。弱《ジャク》と音が同じことから「わかい」意に。「若年」は「弱年」とも書く。

角の生えた人型の化物？

鬼

鬼神
鬼籍
赤鬼

常用漢字

音　キ
訓　おに

あるじ？

主

主人
君主
店主

教育漢字

音　シュ・ス
訓　ぬし・おも

年が上のブラザー？

兄

長兄
実兄
父兄

教育漢字

音　ケイ・キョウ
訓　あに

頭がいい？

賢

賢人
賢母
賢明

常用漢字

音　ケン
訓　かしこい

鬼

死者の面をつけてしゃがんでいる姿

甲骨

古文

面をつけてしゃがむ人の形の「⿱甶儿」と、似る意の音を示す「ム《シ↓キ》」を合わせた字。死者に似た面をつけて祭ることから死者の「霊魂」の意に。化物の「おに」の意にもなった。

主

燭台で灯心が燃える様子

金文

篆文

油を入れた燭台()の中で灯芯()が燃える形の象形字。シュの音は灯火の色である朱《シュ》の意を示す。火を管理するのは家の主人であることから「あるじ」の意になった。

兄

大げさなことばの意味だった

甲骨

金文

ことばを表す「口」と、大きい意の音を示す「儿《オウ↓キョウ》」を合わせた字。大げさなことばの意。延長されて「大きい」意になり、兄弟の中で一番先に大きくなる「あに」の意になった。

賢

財貨が多いこと

金文

篆文

財貨を表す「貝」と、多い意の音を示す「臤《ケン》」を合わせた字。財貨が多い意。財が多い人は才も多いと考えられたために「かしこい」意に。堅い良質な貝の意と解す説もある。

それぞれ？ おのおの？

教育漢字

各

音　カク

訓　おのおの

各位　各国　各地

ハッピー？

教育漢字

幸

音　コウ

訓　さいわい・さち　しあわせ

幸福　幸運　多幸

苦しむ人を助ける？

教育漢字

救

音　キュウ

訓　すくう

救援　救護　救助

行う＆与える？

常用漢字

施

音　シ・セ

訓　ほどこす

実施　施行　布施

よその土地へ行くこと？

教育漢字

旅

音　リョ

訓　たび

旅行　旅情　旅人

ゆったりやすらか？

常用漢字

泰

音　タイ

訓　――

泰然　泰平　安泰

高所から降りてとどまる

各

甲骨

高所から降りる足の形の「夂」と、とどまる意の音を示す「口《コウ》」を合わせた字。高所から降りてとどまる意。分散の意の㲉《カク》と同音のため「おのおの」の意に。

手枷《てかせ》の形だった

幸

甲骨

刑具の一つである手枷の形を描いた象形字。手枷の刑は死刑よりもずっと軽く、それは死を逃れることを意味したため、後に「さいわい」の意になった。

執 p.42 ◀

無理に休ませること

救

篆文

強制の意の「攵」と、休ませる意の音を示す「求《キュウ》」（↑休《キュウ》）を合わせた字。無理に休止させる意。救助の意の賙《シュウ》と音が近いために「すくう」意に借用された。

旗がうねうねなびくこと

施

篆文

旗竿と旗を表す「㫃」と、うねうねする意の音を示す「也《ヤ↓シ》」を合わせた字。旗がなびく意。ほどこす意の蚑《シ》と同音のために「ほどこす」意に借用された。

旗の下に集まる軍隊

旅

甲骨

旗を表す「㫃」と、ともにする意の音を示す「从《ジュウ↓リョ》」（↑侶《リョ》）を合わせた字。旗の下に集う人々、軍隊の意。軍隊が移動することから「たび」の意になった。

水中で手から米が抜け出ること

泰

篆文

水の「氺」と両手の「廾」と、抜け出る意の音を示す「大《タイ↓タツ》」（↑脱《ダツ》）を合わせた字。水中で手から米が抜け出る意。太《タイ》と同音のため「やすらか」の意に借用された。

あらわれる？

教育漢字

現

音　ゲン
訓　あらわれる

出現　表現　現象

他と違っている？

教育漢字

異

音　イ
訓　こと

異国　異常　異性

あてはまる？

教育漢字

当

音　トウ
訓　あたる

適当　妥当　該当

よろこんであげる？

教育漢字

祝

音　シュク・シュウ
訓　いわう

祝福　祝宴　祝言

さし止める？

教育漢字

禁

音　キン
訓　―

禁止　禁煙　厳禁

わびること？

教育漢字

謝

音　シャ
訓　あやまる

謝罪　陳謝　謝意

玉から出る光のこと

現

篆文

玉を表す「王」と、あらわれる意の音を示す「見《ケン→ゲン》」（←顕《ケン》）を合わせた字。玉が発する光の意。玉を磨くと美しい光が出ることから「あらわれる」意になった。

人が仮面をかぶる姿だった

異

甲骨

人が両手で神の仮面を持ち上げてかぶった姿の象形字。仮面をかぶって自分でない人になることから延長されて「ことなる」「珍しい」「別」の意になった。

田の価値に見合う額の意味

当（當）

篆文

もとの字は當。「田」と、見合う意の音を示す「尚《ショウ→トウ》」を合わせた字。質入れする田んぼの価値に見合う金額の意。延長されて「相当する」「あたる」意になった。

ひざまずいて神に祈ること

祝（祝）

甲骨

もとの字は祝。神を表す「示」と、人がひざまずく形の「兄」（巫《みこ》の姿）を合わせた字。神にひざまずいて祈る意。延長されて将来の幸運を祈る「祝福」の意に。

神がひき止める意味だった

禁

篆文

神を表す「示」と、ひき止める意の音を示す「林《リン→キン》」を合わせた字。神がひき止める意。後にただ「さし止める」意に。神が止めていると思えば禁煙も簡単か。

ことばを述べて去ること

謝

篆文

ことばを表す「言」と、去る意の音を示す「射《シャ》」を合わせた字。ことばを述べて去る意。延長されて「辞退」の意に、辞退の挨拶から「あやまる」意になった。

せめたてる？

教育漢字

責

音 セキ

訓 せめる

叱責　問責　自責

身分が高い？

教育漢字

貴

音 キ

訓 とうとい　たっとぶ

貴族　貴人　高貴

ものを成り立たせるもと？

教育漢字

質

音 シツ・シチ・チ

訓 —

本質　言質　質屋

基準となる一定の型？

常用漢字

範

音 ハン

訓 —

規範　模範　垂範

何かにしるすこと？

教育漢字

録

音 ロク

訓 —

記録　収録　録音

範囲を決める？

教育漢字

限

音 ゲン

訓 かぎる

限定　制限　限界

借り手に請求する金のこと

責

甲骨

お金を表す「貝」と、数えて請求する意の「朿《シ→セキ》」(主は変わった形)を合わせた字。請求するお金の意。延長されて「請求する」「せめる」意になった。

お金が多く集まること

貴

篆文

お金を表す「貝」と、多く集まる意の音を示す「臾《キ》」(虫は変わった形)(↑蒐《キ》)を合わせた字。お金が多く集まる意。お金は大事なので「とうとい」意に延長された。

お金に相当するしちぐさ

質

金文

「貝」と、相当する意の音を示す「斦《ギン→チ》」(↑値《チ》)を合わせた字。お金に相当する物、しちぐさの意。金を借りる元手《もとで》であることから「もと」の意になった。

車のお祓いをする火祭り

範

篆文

「車」と、燔祭《はんさい》の意の音を示す「笵《ハン》」の略体を合わせた字。車のお祓いのために火を燃す祭の意。きまりの意の笵《ハン》と同音のために「規範」の意に借用された。

銅からしみ出る緑青《ろくしょう》のこと

録

(錄)

篆文

もとの字は錄。金属を表す「金」と、しみ出る意の音を示す「彔《ロク》」を合わせた字。銅からしみ出る緑青の意。刻《コク》と音が近いために「しるす」意に借用された。

山道を歩くのが困難なこと

限

金文

盛り上がった山道を表す「阝」と、困難の意の音を示す「艮《コン→ゲン》」(↑艱《カン》)を合わせた字。山道を歩くのが困難の意。延長されて「ゆきどまり」「かぎる」の意に。

必要とする？

需

常用漢字

音 ジュ

訓 —

需要　需給　必需

子どもが生まれる？

誕

教育漢字

音 タン

訓 —

誕生　生誕　降誕

プライド？

誇

常用漢字

音 コ

訓 ほこる

誇示　誇り

広い感じ？

博

教育漢字

音 ハク・バク

訓 —

博愛　博士　博識

先生？

師

教育漢字

音 シ

訓 —

教師　師匠　講師

たのみとする？

頼

常用漢字

音 ライ

訓 たよる　たのむ

依頼　信頼　無頼

雨にぬれること

需

篆文

「雨」と、ぬれる意の音を示す「而《ジ》」を合わせた字。雨にぬれる意。もとめる意の須《シュ》と近音のために「需要」の意に借用され、ぬれる意は濡の字で表した。

ことばが大げさなこと

誕

篆文

ことばを表す「言」と、大きい意の音を示す「延《エン→タン》」を合わせた字。ことばが大げさの意。延長されて「でたらめ」の意に。後に「うまれる」意に借用された。

大げさに言うこと

誇

篆文

ことばを表す「言」と、大きい意の音を示す「夸《カ→コ》」を合わせた字。大げさなことばの意。大げさに言っていばることから延長されて「ほこる」意になった。

大いに広く集めること

博

金文

集める意を表す「十」(=拾)と、大いにの意の音を示す「尃《フ→ハク》」を合わせた字。大いにひろく集める意。後に集める意が消えてただ「ひろい」意になった。

丘の上に駐屯する軍隊

師

金文

軍隊を表す「𠂤」と、小高い丘の意の音を示す「帀《シ》」を合わせた字。丘の上に駐屯する軍隊の意。隊を率いる意の帥《スイ》と音が近いため「先生」の意に借用された。

もうけた貨幣の意味だった

頼(賴)

篆文

もとの字は賴。貨幣を表す「貝」と、もうける意の音を示す「剌《ラツ→ライ》」(←利《リ》)を合わせた字。もうけた貨幣の意。たよる意の依の字に借用されて「依頼」の意に。

利 p.118 ◀

あとがき

私たちがふだん何気なく見て使っている漢字には、実はそれぞれ意外な意味合いがあって、その由来なり、なりたちを求めていくと、これまで予想もしなかった意味が隠されていることに驚きます。

たとえば、「つかさ」（上司）とか「つかさどる」（司会）などと使っていることばの「司《シ》」（ｐ51参照）という字の元来の意味はなんと、「お尻の穴・尿道の穴」であった。さらに、その左右反対にした形の「后《ゴウ》」（ｐ55参照）も同じく「お尻の穴」を示したものだという。そして肛門は人体のうしろにあるから「あと・うしろ」（午后《ごご》）の意味に使い、さらには借用されて、後《こう》（后）宮《きゅう》に住み後《あと》継《つ》ぎを生む女性を「后」（きさき）と称されるようになったというのである。

このように日ごろ何の気なしに文章やあるいは人名などに用いている通常の意味と、その漢字の本来の意味合いの間には意外なギャップがあります。それは漢字が三千数百年の時を経て、そのもともとの字形とともに意味合いもどんどん変化してきたからだと考えられるのです。

　かねてから漢字の持つ意味のこのギャップに関心をいだいていた高井ジロル君は、本書で、現代人からすると意外に感じられる字義を持つ字を四五四字ピックアップし、漢字のもともとの意味との関わりを簡潔に紹介しました。字源の解説にあたり監修の依頼を受けましたが、監修者のいささかながら留意した点を幾つか記しておくこととします。

　先ずは字形です。漢字は起原的には象形字であり、後になると言葉の意味を表す要素の音符と、その字の音を表す要素の音符とを合わせた形声字が多くはなりましたが、「形」があるために、その字形が作られた古い時代までさかのぼり、その当時の意味を的確に把握できる可能性があります。漢字の原始形として、最も古いものは甲骨文《こうこつぶん》と金文《きんぶん》であり、稀《まれ》に出ている籀文《ちゅうぶん》と古文《こぶん》はそれにつぎ、そして秦の時代に字体を統一されてできた篆文《てんぶん》などですが、これら古代字は現在の楷書体の字形とは大きくかけ離れてしまって判断し難いものがかなり多くあります。そこでどうしても古い字形を観察して本義を考えなければならないのです。

　次は字音です。「音」は、すなわち「ことば」であるから文字を考える場合に、「字形」を理解することの重要さはもちろんですが、まず「音」がいかなる意味を表しているかを知ることもさらに重要です(p5の項目9参照)。それは「字」より先に「音」があって、その音に意味が含まれていたからです。たとえば、「鼻《ビ》」の「字形」は、「自《ジ》」(鼻の象形)と「畀《ビ》」(音符)からなる形声字です。しかし、この字が作られる以前から「自」、あるいは「畀」の音で「鼻《はな》」のことを呼んでいたのです。すなわち「音」はその文字が作られる前から存在していたのです。すると「鼻」を「自」や「畀」の音で呼んだのはなぜか。その音はどのような意味であったのか。鼻のいかなる特徴をとらえてこの音で呼んだのか、などと考える必要が出てくるのです。

さらに字義です。その漢字が生まれた当時の本来の意味ということです(p5の項目6参照)。紙幅がないので説明は省略しますが、読者には、漢字の字源が語る思いもよらない衝撃の真相があきらかになっていく感動と醍醐味《だいごみ》を是非とも本書で体験なさって下さるよう願っています。

監修に際し、編集者の山崎三郎君とは五〇時間以上かけて字源の解釈について詳細に検討しました。謝意を表します。

二〇一三年四月　進藤英幸

音訓索引

一　この索引は本書の見出し字を五十音順に配列したものです。
二　音はカタカナ、訓はひらがなで示しています。数字はページ数です。
三　同じ音訓の場合はページの順に配列しています。
四　本文中に掲出していても、あまり一般的でない音訓は省いています。

ア・あ

ア　亜 147
アイ　愛 83
あい　相 97
あう　合 203
あかるい　明 185
あきなう　商 59
あきら　亮 77
あきらか　明 185
あける　明 185
あさ　朝 183
あざ　字 57
あざむく　欺 23
あそぶ　遊 97
あたい　価 123
あたえる　与 93
あたらしい　新 161
あたる　当 209
あつい　厚 187
あてる　充 71
あな　孔 57
あに　兄 205
あばく　暴 23
あばれる　暴 23
あま　尼 49
　天 67
あまる　余 147
あめ　天 67
あや　琢 97
あやまる　謝 209
あらず　非 27
あらためる　改 33
あらわす　表 129
あらわれる　現 209
ある　有 127
　在 191
アン　安 59
　案 135

イ・い

イ　慰 45
　委 57
　威 59
　依 77
　為 87
　尉 109
　以 115
　医 137
　易 171
　異 209
いう　云 185
いきおい　勢 173
イク　育 57
イチ　壱 137
イツ　逸 165
いつつ　五 131
いどむ　挑 109
いま　今 95
いる　要 73
いろ　色 55
イン　印 43
　寅 107
　因 135
いやしい　卑 139
いわう　祝 209

ウ・う

ウ　有 127
うじ　氏 135
うたがう　疑 23
うたげ　宴 61
うつ　討 45
うつくしい　美 165
うつす　写 107
うつろ　虚 25
うつわ　器 159
うとい　疎 53
うながす　促 81
うばう　奪 19
うぶ　産 175
うみ　海 195
うむ　産 175
うるわしい　麗 171
うれい　憂 21
うれえる　憂 21
ウン　云 185

エ・え

エ　依 77
　絵 143
エイ　英 173
　栄 177
　影 181
エキ　易 171
　益 195
えらぶ　選 99
エン　宴 61
　演 181

オ・お

オ　汚 29
オウ　央 67
　欧 85
　奥 133
　黄 141
　王 145
　皇 145
　翁 171
おう　負 25
おおやけ　公 147
おかす　侵 29
　冒 131
　犯 155
おきる　起 93
オク　億 79
おく　奥 133
　置 167
おさむ　乃 49
おさめる　納 143
おしえる　教 35
おそう　襲 25
おとうと　弟 113
おどす　脅 73
おとろえる　衰 141
おに　鬼 205
おのおの　各 207
おびやかす　脅 73
おも　主 205
おもて　表 129
おもむき　趣 97
おもむく　赴 109
おや　親 79
およぶ　及 107
おん　御 169

カ・か

キ・き

ク・く

ケ・け

コ・こ

サ・さ

さち 幸 207
サツ 撮 45
冊 171
さまたげる 妨 61
さむらい 侍 33
さる 去 137
サン 参 59
賛 119
散 139
産 175
ザン 残 37

シ・し

シ 侍 33
司 51
士 53
始 59
止 75
次 105
四 107
氏 135
私 163
示 201
施 207
師 213
ジ 侍 33
辞 41
字 57
寺 89
次 105
示 201
しあわせ 幸 207
しいる 強 169
シキ 色 55
しずか 静 195
したしい 親 79
シチ 七 101
質 211
シツ 執 41
質 211
しみる 染 127
しめす 示 201
シャ 写 107
舎 109
斜 117
者 161
謝 209
ジャ 邪 27
シャク 借 79
爵 135
釈 177
ジャク 弱 117
若 203
シュ 殊 35
須 73
趣 97
取 103
守 121
主 205
ジュ 儒 81
就 149
需 213
シュウ 襲 25
醜 27
執 41
周 105
酬 127
就 149
臭 165
祝 209
ジュウ 充 71
十 129
シュク 叔 175
淑 193
粛 195
祝 209
ジュツ 述 99
シュン 春 177
ショ 庶 107
初 121
所 177
ジョ 序 149
ショウ 政 33
章 39
省 47
商 59
正 75
将 89
相 97
勝 101
紹 119
奨 171
晶 185
ジョウ 譲 45
嬢 59
成 123
錠 129
冗 133
蒸 143
常 145
静 195
ショク 殖 37
色 55
職 163
ジョク 辱 19
しるし 印 43
しろ 白 65
シン 侵 29
辛 41
身 55
臣 73
申 75
親 79
真 91
紳 143
新 161
辰 169
ジン 甚 53
臣 73
仁 77
尋 89

ス・す

ス 須 73
主 205
ズ 豆 141
スイ 衰 141
遂 157
垂 189
すえ 末 175
すくう 救 207
すぐれる 優 103
すける 透 97
すたれる 廃 149
すでに 既 139
すべからく 須 73
すべて 全 201
スン 寸 75

セ・せ

セ 世 199
施 207
セイ 政 33
省 47
正 75
制 121
成 123
西 139
勢 173
静 195
世 199
セキ 責 211
ぜに 銭 129
せめる 責 211
セン 先 37
践 45
選 99
遷 99
専 103
染 127
銭 129
ゼン 前 95
然 185
全 201

ソ・そ

ソ 疎 53
ソウ 相 97
双 169
荘 173
ゾウ 造 97
蔵 177
そえる 添 183
ソク 促 81
即 135
ゾク 属 55
族 145
そこ 底 149
そだつ 育 57
ソツ 卒 41
そと 外 201
そめる 染 127
ソン 尊 127
存 191
ゾン 存 191

タ・た

タ 他 77
ダ 妥 57
堕 193
タイ 耐 41
泰 207
ダイ 乃 49
題 71
弟 113
たいら 平 175
たえる 耐 41
堪 189
たか 琢 97
タク 卓 49
琢 97
たけし 毅 39
たしか 確 193
たずねる 尋 89
ただしい 正 75
タツ 奪 19
たつ 辰 169
ダツ 奪 19

たっとぶ 尊 127 貴 211
たてる 建 123
たに 谷 73
たのむ 頼 213
たび 旅 207
たまご 卵 131
たもつ 保 105
たより 便 115
たよる 頼 213
たれる 垂 189
たわら 俵 79
タン 単 41 端 73 誕 213
ダン 段 85

チ・ち

チ 置 167 質 211
ち 乳 55
ちち 父 37 乳 55
チュウ 衷 141 虫 169
チョウ 弔 21 挑 109 朝 183
ちる 散 139

ツ・つ

つぎ 次 105
つく 就 149
つぐ 次 105
つくる 作 47 造 97
つつむ 包 55
つとめる 努 123
つね 常 145
つみ 罪 21
つよい 強 169
つよし 毅 39
つらい 辛 41

テ・て

デ 弟 113
テイ 弟 113 帝 145 底 149 貞 203
デイ 泥 29
テキ 適 99 的 187
てら 寺 89
テン 展 49 天 67 殿 87 添 183
デン 殿 87

ト・と

と 十 129
ド 努 123
トウ 童 39 討 45 到 93 透 97 豆 141 納 143 東 143 党 183 陶 189 当 209
ドウ 童 39
とうとい 尊 127 貴 211
とお 十 129
トク 徳 99 特 155 篤 171
ドク 独 155
とける 溶 91
とげる 遂 157
とこ 常 145
ところ 所 177
とし 年 175
とどける 届 49
との 殿 87
どの 殿 87
とまる 止 75 泊 195
とむらう 弔 21
ともなう 伴 91
とら 寅 107
とる 執 41 撮 45 取 103
どろ 泥 29

ナ・な

ナ 南 133 納 143
ナイ 乃 49
ない 無 23
なかば 半 165
なぐさめる 慰 45
なつ 夏 79
なな 七 101
ななめ 斜 117
なに 何 81
なやむ 悩 61
なり 也 169
なる 成 123
ナン 難 25 南 133 納 143
なん 何 81

ニ・に

ニ 尼 49 仁 77
にし 西 139
ニャク 若 203
ニュウ 乳 55

ヌ・ぬ

ぬし 主 205

ネ・ね

ねがう 願 69
ネン 年 175 然 185

ノ・の

の 乃 49
ノウ 悩 61 脳 75 納 143 能 157 農 173 濃 193
のき 軒 141
のこる 残 37
のぞむ 望 179
のぶ 辰 169
のべる 述 99

ハ・は

ハ 婆 19
は 端 73
バ 婆 19
ハイ 俳 81 敗 89 廃 149
バイ 倍 43
はえる 栄 177
ハク 白 65 泊 195 博 213
バク 暴 23 博 213
はぐくむ 育 57
はし 端 73
はじめ 初 121
はじめる 始 59
はずかしめる 辱 19
はずす 外 201
はた 端 73
ハチ 八 191
はつ 初 121
バツ 末 175
はなす 離 27
はなはだ 甚 53
はなれる 離 27
はぶく 省 47
はら 原 187
はる 春 177
ハン 頒 69 伴 81 班 91 凡 147 犯 155 半 165 範 211
バン 伴 81 番 119 万 159

ヒ・ひ

ヒ 非 27 批 45 卑 139 被 143
ビ 微 99 美 165
ひかえる 控 109
ひがし 東 143
ひさしい 久 105
ひどい 酷 25
ひとり 独 155
ビャク 白 65
ヒョウ 俵 79 表 129 票 191
ビョウ 秒 163 平 175
ひら 平 175
ひる 干 39

◉進藤英幸（しんどう・ひでゆき）

専門は古代中国思想・文字学。大東文化大学、明治大学の教授、公益財団法人無窮会東洋文化研究所所長を歴任し、現在は公益財団法人無窮会専門講座講師、公益財団法人日韓文化協会理事長、大東文化大学オープンカレッジ講座講師を務める。著書に『叢書・日本の思想家14　三宅観瀾・新井白石』『伊洛淵源録　中国古典新書続編』（明徳出版社）ほか。編著書に『角川字源辞典・第二版』『漢字字源辞典』（角川書店）、『新版小学漢字辞典』（教育同人社）などがある。

◉高井ジロル（たかい・じろる）

北海道大学文学部を卒業後、「フロム・エー」編集部を経てフリーに。著書に『「漢和辞典」に載っているヘンな漢字』（二見書房）、『新しい世界地図』（アートン）、『世界珍名偉人録』（ワニマガジン社）、『Globes』（ダイヤモンド社）、『本当はいやらしかった日本の国語辞典』（ジロル舎）、『生活様式学入門』（扶桑社文庫）などがある。

知《し》ってるようで知《し》らなかった漢字《かんじ》の意味《いみ》

監修　進藤英幸《しんどうひでゆき》

文　高井《たかい》ジロル

発行所　株式会社 二見書房
東京都千代田区三崎町2-18-11
電話　03(3515)2311［営業］
03(3515)2313［編集］
振替　00170-4-2639

印刷　株式会社 堀内印刷所
製本　ナショナル製本協同組合

ISBN978-4-576-13064-4
http://www.futami.co.jp/